MERAN

ZWISCHEN WECKRUF UND STRECKE

Stocker

Dieses Buch ist den
Berufsjägern gewidmet.
Sie sind das Fundament
und die Säule
echten unverfälschten
Waidwerkes.

Philipp Meran

Zwischen Weckruf und Strecke

Leopold Stocker Verlag
Graz – Stuttgart

Umschlaggestaltung: Atelier Geyer, Graz
Umschlagabbildung: Gemälde von Hubert Weidinger, Tier- und Jagdmaler, Innsbruck. – Mit bestem Dank des Leopold Stocker Verlages für die Abdruckgenehmigung.

ISBN 3-7020-0193-X

Druck und Bindung: M. Theiss, 9400 Wolfsberg
Printed in Austria

Vorwort zur zweiten Auflage

Als ich im Jahre 1974 daranging, mein erstes Buch zu schreiben, war ich 48 Jahre alt. 22 Jahre sind seither vergangen – Jahre, die niemals vorgesehene Änderungen brachten. Kinder, die damals zur Welt kamen, sind heute Studenten, und ich, einige Jahre nach dem Ersten Weltkrieg geboren, bin nach 42 Dienstjahren heute schon seit fünf Jahren Pensionist. Die Welt hat sich rasch verändert. Noch nie in der Geschichte kam es innerhalb so kurzer Zeit zu einem derart grundlegenden Wandel. Ich persönlich habe damit nicht mitgehalten. Es ist vielleicht keine moderne Tugend, wenn der Mensch der gleiche bleibt, aber ich bin dennoch stolz darauf, daß ich mir treu bleiben konnte. Die erlebte Vergangenheit war nur zum Teil schön. Krieg und Nachkriegszeit brachten meiner Generation schwere und oft lebensgefährliche Jahre. Wenn man aber über die Vergangenheit schreibt, darf man diese nie aus der Perspektive des Zeitgeistes beurteilen. Ausschließlich der Zeitzeuge kann Erlebtes glaubwürdig beschreiben. Angelesene oder tendenziöse Geschichtsbetrachtung scheinen mir zuwenig. Der Zeitgeist ändert sich, die Wahrheit aber nie.

Auch wenn uns die Medien täglich alles Schlechte, Böse, Unerfreuliche und Hoffnungslose – pflichtgemäß – auftischen, sollten wir niemals unsere Zuversicht, unseren Mut und unseren Optimismus verlieren. Ich bin dankbar und stolz darauf, in diesem schönen Österreich leben zu dürfen, dessen Menschen eine ihrer größten Tugenden – die Hilfsbereitschaft – niemals aufgegeben haben. Und immer mehr wird jenen alten Zeitzeugen und Chronisten Glauben geschenkt, die aus persönlichen Erfahrungen die Wahrheit beschreiben. Menschlichkeit und Gottvertrauen machen immer froher als Wohlstand, und die Erfahrung war, ist und bleibt der verläßlichste Wegweiser.

Graz, im Sommer 1996 *Philipp Meran*

Csákberény

Jugend im Jagdparadies

Die Jagd gehörte zu meiner Jugend wie die Luft und die Sonne, und ich wuchs auf mit ihr wie mit den Hunden, Pferden und den Vögeln des Gartens. Meine ersten Beziehungen zur Jagd stammen noch aus jener Zeit, als ich in der Wiege lag und vor dem Schloß die Strecke der Saujagden gelegt wurde. Die Jagd gehörte zum Alltag, wie das Mittagessen oder der Kirchgang, sie war die einzige Selbstverständlichkeit, über die man nicht zu sprechen brauchte, obzwar das Thema der Gespräche oft sehr wohl jagdlicher Natur war. Die Jagdpassion war einfach in unserem Blut, sie war Familientradition wie der Kinderreichtum oder der Glaube, man huldigte ihr vom Säugling bis zum Greis, und kein Mensch fand das irgendwie ausgefallen.

Es begann mit einem Spatzen, den ich fehlte. Die kleine, kurzläufige Flinte vom Flobert-Kaliber 12 verursachte einen starken Rückstoß, machte viel „Lärm", und ich hatte Angst vor dem Schuß. So paradox dies auch klingen mag, es stimmte wirklich: Ich hatte in frühester Jugend eine unüberwindliche Scheu vor dem Schußknall. Wenn ich heute als Wurftaubenschütze und Niederwildjäger an diese Zeit zurückdenke, frage ich mich, wieso es möglich war, und warum ich trotzdem zum Jäger reifte. Eine genaue Antwort darauf weiß ich nicht. Sicher ist, daß meine Gouvernante, die unvergeßliche Antatelle, bis zu ihrem Tode eine panische Angst vor jedem Knall, sei dies ein Donner, eine platzende Tüte oder ein Schuß, hatte. Sicher ist, daß sie mir oft durch ihre Schreie, wenn jemand schoß, einen richtigen Schrecken einjagte. Sicher ist aber ferner, daß ich mit vor Passion rotglühenden Wangen beim Hasenstreifen im Winter mitging, mir aber vor jedem Schuß des Jägers, den ich begleiten durfte, die Ohren zuhalten mußte.

So ähnlich war es auch beim ersten Spatzen. Ich zielte, mein Vater stützte den Lauf, und mein Großvater* hielt mir die Ohren zu. Als es krachte und der Schwarzpulverdampf verzogen war, suchten und suchten wir, aber nichts war zu finden. Während der Suche schoß mein Großvater auf einen Schuß zwei Nebelkrähen von einem Misthaufen. So genau erinnere ich mich daran, nach rund 40 Jahren!

Das war also der erste Schuß meines Lebens: ein Fehlschuß.

Drei Tage darauf erlegte ich auf 30 Meter stehend freihändig mit einem schlecht schießenden 6 mm-Flobert meinen ersten Spatzen, ein Weibchen. In mein Jagdbuch, das ich nach diesem ersten Treffer anlegte, schrieb ich: „75 Schritt, Meisterschuß". Ich war also damals nicht sehr bescheiden. Das übernächste „Wild" war schon ein Eichhörnchen, das ich „zusammen" mit meinem Großvater, Karl Eltz, im Park geschossen hatte. Von da an ließ mich aber die Passion nicht mehr los, sie erwachte vollends. Jagdleidenschaft ist vererbt. Sie ist in einem vorhanden, oder sie ist nicht da, sie ist stärker oder schwächer wie manche Triebe der menschlichen Natur. Und wir dürfen eines nicht vergessen: Einst war der Beutetrieb jahrtausendelang vom Selbsterhaltungstrieb nicht zu unterscheiden, ein Teil von ihm lebt noch mehr oder weniger verkümmert im Weidmann von heute weiter. Und bei mir wurde wahrhaftig kräftig nachgeholfen. Nach Ansicht unserer Gäste kam bei uns zuerst die Jagd, dann wieder die Jagd, und nur an dritter — freilich noch immer sehr wesentlicher Stelle, — andere Tugenden, wie etwa die Treue zum Vaterland. Trotzdem sagte Kaiser Franz Josef, als mein Großvater einmal nicht zu einem Empfang in die Burg gekommen war: „Der Meran hat die Gams lieber als mich!" Natürlich war dies ebenso übertrieben wie die Behauptung, daß die Jagd bei uns wirklich das Allerwichtigste auf der Welt war, aber es kommt der Wahrheit nahe.

In unserer Erziehung, die als recht streng bezeichnet werden darf, spielte daher die Jagd auch als Mittel zum Zweck eine abschreckende oder zwingende Rolle. So war die strengste und

* (mein Großvater war der Enkel Erzherzog Johanns)

ärgste Strafe das Verbot, die Waffe für eine gewisse Zeit in die Hand nehmen oder an einer Jagd teilnehmen zu dürfen. Meine zwei männlichen Erzieher und mein Vater gebrauchten dieses Verbot recht häufig, auch wenn es sich um Delikte handelte, die mit der Jagd schon überhaupt nichts zu tun hatten. Eines Nachts, ich war damals zehn Jahre alt, hatten wir einer nicht sehr beliebten Tante mit Juckpulver arg mitgespielt. Dafür bekamen wir ein Flobertverbot von drei Wochen

Ein andermal erschoß mein 13 jähriger Bruder die Lieblingskatze des Bürgermeisters in dessen eigenem Garten, was zur Folge hatte, daß diese Tat öffentlich beim alltäglichen Trommeln verlesen, gerügt und ein Verbot erlassen wurde, innerhalb des Gemeindeterritoriums „umherzuschießen".

Wieder ein anderes Mal — ich war zwölfjährig — hatten wir unseren lieben Freund, den Leibjäger meines Großvaters, den Böhmen Emil Holubar, schwer an der Nase herumgeführt. Und das kam folgendermaßen: Neben unserem Park lag der umfangreiche Garten des umfangreichen Pfarrers, der eine Menge Geflügel besaß. Nun hatte unser Pfarrer, der ein besonders guter Freund meiner Familie war, sehr viele Perlhühner, die die verdammenswerte Gewohnheit hatten, sich mit lautem Geplärr und Gegacker in unserem gepflegten französischen Park zu ergehen. Wegjagen war meist von wenig Erfolg gekrönt. So griffen wir zur List. Emil Holubar stopfte einige Patronen mit Salz, damit die damit beschossenen Perlhühner zwar einen leichten Schmerz in Verbindung mit dem erschreckenden Schuß verspürten, auf keinen Fall aber zu Schaden kommen sollten. Insgeheim aber luden wir die Patronen solcherart um, daß eine Schichte Schrotkörner unter die Salzschichte heimtückisch zu liegen kam. Emil wurde zur Exekution animiert. Mit geübten Trapperschritten schlich er das auf einem Akazienbaum nahe des Pfarrerzauns laut gackernde Gesperre an, die großväterliche Purdeyflinte flog an die Wange: Zwei Schüsse fielen, und mit den Schüssen sechs mausetote Perlhühner! Zum Pech des guten Emils hatten wir gerade jene frühe Nachmittagsstunde des Tages zu dieser Tat gewählt, als der Pfarrer, voll des üppigen Mittagmahls, zum Zweck der guten Verdauung in unmittelbarer Nähe des Zauns brevierbetend auf- und abspazierte. Die beiden Schüsse und die abfliegenden Perlhühner hören, herüberschauen und die toten Hühner mit dem völlig verdatterten Holubar erblicken, war eins. Was dann folgte, war ein Gemisch von durchaus erlaubten Flüchen, drohend erhobenem Stock sowie andere Zeichen des Zorns und Emils kläglicher Entschuldigung. Leider, waren aber noch einige „präparierte" Patronen übrig, und erst als Emil diese in seiner Werkstatt untersucht hatte, kam sein Verdacht auf uns und mit dem Verdacht die Entlarvung und die Strafe.

Damals waren wir vier Wochen ohne Gewehr und trauten uns überdies nicht, zur Sonntagsmesse den Verbindungsweg über den Pfarrhof zur Kirche zu nehmen, sondern wir gingen brav wie die Söhne der „einfachen" Christen beim Haupteingang in die Kirche, um uns dann hinter der letzten Bank wie zerknirschte Zöllner aufzustellen.

Durch diese drastischen Strafen, die natürlich ganz besonders dann angewendet wurden, wenn wir uns unweidmännisch verhielten, wenn wir unvorsichtig oder niedrig schossen, die Waffe falsch hielten, ein Schießverbot überschritten oder uns aus anderen jagdlichen Gründen strafbar machten, wuchsen wir langsam zu (ganz beachtlichen) Jägern heran.

Meinen ersten Rehbock schoß ich mit vierzehn Jahren, meinen ersten Hirsch erst im Jahre 1944, mit achtzehn Jahren. An Treibjagden nahm ich schon als kleines Kind teil, doch durfte ich erst mit zwölf Jahren auf einer Treibjagd selber die Waffe führen, bzw. einen eigenen Stand bekommen. Dabei waren unsere Herbst- und Winterjagden recht beachtlich und der Wunschtraum von vielen Jägern des In- und Auslandes.

Da war zunächst die Niederwildjagd. Sie wurde Anfang bis Mitte November abgehalten und führte die Bezeichnung „Die kleine Woche". Sie bestand aus drei Tagen Streifjagd auf Hasen und Rebhühner und drei Fasanentagen.

Bei den Fasanenjagden waren 8 bis 10 Schützen eingeladen. Die Strecken waren für damalige ungarische Begriffe nicht sehr hoch, aber immerhin schoß man in normalen Jahren an einem Tag 500 bis 600 Fasanenhähne. Da meine Brüder und ich um diese Zeit immer im verhaßten Pensionat weilten, blieben höchstens Nachjagden zu Weihnachten für uns übrig, und auch das nur ab unserem zwölften Lebensjahr. Wenn man bedenkt, daß ich 1944 18 Jahre alt wurde, kann man sich vorstellen, daß ich von den vielen ungarischen Strecken, um die mich vielleicht manche beneiden, herzlich wenig gesehen habe. Das heißt, gesehen ist ein falscher Ausdruck, denn als Kind habe ich an diesen Jagden schon sehr früh teilnehmen dürfen, aber selbstverständlich nur als Zuschauer. Die Stammgäste waren in den dreißiger Jahren nebst Großpapa, seinen zwei Söhnen, Franz und Hans Meran, Fritz Mayr-Melnhof, Alexander Pappenheim, Tono Goess und andere. Jeder Stammgast hatte seinen ständigen Lader, und die Patronen wurden oft gratis beigestellt. Manchmal kamen auch der Obergespan Viktor Széchenyi, der ehemalige Ministerpräsident, unser Nachbar Moritz Esterházy mit seinen Söhnen, sowie ein alter Freund der Familie, Louis Schwarzenberg, auf diese Kleine Woche. Sehr unterhaltsam waren die Schilftriebe auf Füchse, wobei man statt der Treiberreihe eine lange Glockenschnur in Richtung auf die Schützen langsam hin und her bewegte. Manchmal fielen in solch einem Trieb sogar fünf bis sechs Füchse.

Eine ganz besondere Spezialität von Csákberény waren aber die Saujagden. Sie wurden Ende Jänner abgehalten und dauerten etwa 14 Tage. Abgejagt wurde hiebei der ganze Waldkomplex der Reviere Csákberény, Gánt, Csokakö und Kápolna. Die Triebe waren teils groß, teils klein, je nachdem, ob es sich um Hochwald oder Dickungen handelte. Geschossen wurden Sauen, Hochwild außer Hirschen, Füchse, Hasen und Fasanen. Fasanen gab es hier allerdings wenige, nur ganz am Rande der Wälder. Diese Winterjagden wurden die Große Woche genannt. Außer den schon erwähnten Stammgästen kamen zu diesen Jagden Paul Blankenstein, mein Großvater mütterlicherseits Karl Eltz, Moritz Vetter, László Esterházy, Fritz Silva-Tarouca, Miklos Szécsen und viele andere Freunde meines Vaters. In den letzten Jahren wurde die Große Woche ganz ausgelassen, und die guten Sauen- und Hochwildtriebe wurden je nach Gelegenheit separat für sich genommen. Ich habe als Schütze diese „reduzierten" Jagden 1943 mitgemacht, sehr gut in Erinnerung habe ich die Große Woche aber von jener Zeit her, als ich aus der „Lausbubenperspektive" mitbeobachten durfte.

Die Große Woche in Csákberény war eine gut vorbereitete Jagd, die gar nicht sehr leicht zu organisieren war. Da man sowohl Hochwild und Sauen als auch Füchse und Hasen schoß, mußten die Triebe entsprechend abgestimmt werden. Zumindest waren 80 bis 100 Treiber bei diesen Jagden üblich und pro Tag drei bis sechs Triebe mit einer Mittagspause im Freien. Vor der Jagd wurden die Stände mit Stangen ausgesteckt, die am oberen Ende einen Strohwisch hatten. Sie hatten selbstverständlich Nummern. Niemals waren bei der Großen Woche inklusive des an den Flanken aufgestellten Forstpersonals, das auf Hasen und Füchse schoß, mehr als 12 Schützen anwesend. Normalerweise waren es acht Schützen mit Kugelgewehren. Die Spezialität der Großen Woche war, daß jeder Schütze sowohl ein Schrot-, als auch ein Kugelgewehr am Stand haben mußte. Zu diesem Zweck war ein gut eingeübter Büchsenspanner mit schneller Entschlußkraft, Geschicklichkeit und guter Reaktion unerläßlich. Meist hatten die Stammgäste, die ich ja schon weiter oben genannt habe, traditionelle Helfer, die von Jahr zu Jahr auf „ihre Herren" warteten. Die Gäste meines Vaters und meines Großvaters kamen per Auto oder Wagen einen Tag vor Beginn der Jagd im Csákberényer Schloß an. Meistens hatten sie ihre Leibjäger oder Chauffeure, fast immer aber ihre Frauen mitgenommen. Im Schloß wurde die Mitte der fünfziger Jahre des vorigen Jahrhunderts eingebaute, sehr originelle Warmluft-Zentralheizung in Betrieb genommen, Aushilfsdiener und in der Küche die Frau des Oberjägers Öhlmann herangezogen. Am Abend war Diner in Festkleidung bzw. Jagdsmoking, in der Früh wurde um halb sieben Uhr geweckt. Zuerst wurde ein sehr üppiges gemeinsames Frühstück im Speisesaal eingenommen. Sodann besichtigte man die Strecke des Vortages, die vor dem Schlosse im Hof gelegt worden war. Dann fuhr die lange Reihe der Jagdwagen oder (meist) Jagdschlitten vor, die Herren und ihre Begleitung stiegen ein und mit Weidmannsheil ging es, – oft über eine Stunde lang, – zum Treffpunkt. Draußen erwarteten die Schützen die zuständigen Revierförster Tükör, Fehér, Maurer oder Müller, und sofort wurden die Schützen zum ersten Trieb angestellt. Die Strecke konnte ganz verschieden ausfallen. Wenn die Sauen einen alten, weniger wendigen Herren anliefen, kam es vor, daß wenig oder gar nichts geschossen wurde. Hochwild, Füchse und Hasen gab es aber immer in so großer Zahl, daß sich letzten Endes jeder hervorragend unterhalten konnte. Normalerweise fielen täglich 8 bis 15 Sauen, 10 Stück Hochwild, 8 bis 12 Füchse und 50 Hasen.

„... Ein solcher Tag war auch damals, als sich der aus 15 Schlitten bestehende Konvoi vom Schloß Csákberény aus mit Schützen und Ladern in Bewegung setzte. Nach ungefähr halbstündiger Fahrt stieg man im Hegwald des Revieres Gánt, jenem Revierteil, der unter der Benennung „Gánter Böden" meist am Anfang der Großen Woche bejagt wurde, durch die Fahrt etwas erfrischt aus den Schlitten. Revierjäger Maurer wartete bereits, um die Schützen anzustellen. Ich ging mit meinem Vater auf den vorletzten Flankenstand, rechts von uns stand Onkel Hansi und links Förster Müller. Es mochten etwa zehn Minuten nach dem Anblasen vergangen sein, da erschien von links kommend ein Tier und ein Kalb in zügigem Troll, um zwischen uns und Onkel Hansi die Allee zu überfallen. Da mein Vater vor sich in den Trieb nicht schießen wollte, ließen wir das Wild passieren, und Onkel Hansi legte das Kalb mit einem sauberen Hochblattschuß auf die Decke. Nun erscholl von weitem fürchterliches „Disznó, disznó, hü-ne, hü-ne*"-Geschrei und bald darauf knallte es mehrmals am linken Eck und an der Vorderfront. Ein Hase von gegenüber und ein zweiter fast am selben Paß wurden von meinem Vater sauber auf den Kopf

* „Sau, Sau" und ungarische Treiberrufe

gestellt. Nun spürte ich schon meine Füße. Förster Müller pfeift ganz leise, und schon kommt der dritte Hase, diesmal hinter uns. Mein Vater zielt, dann läßt er als guter Jagdherr die Flinte sinken. Mit einem wahren Meisterschuß läßt Onkel Hansi den Hasen zwischen den Bäumen roullieren. Hin und wieder Schrotschüsse. Dann — die Treiber sind schon ganz nahe — bricht ein Rudel Kahlwild zurück. Es sind sicher 50 bis 60 Stück, der hartgefrorene Boden donnert. Mein Vater hat schon die Büchse in der Hand, die ihm sein ständiger Lader, der Obstgärtner Trampler Laci, in die Hand gegeben hat, und dreimal knallt sein einläufiger „Kirner"-Kipplaufstutzen. Obgleich mein Vater kurzsichtig ist, oder vielleicht gerade darum, schießt er mit dem Fernrohr in der Flucht hervorragend. Ein Schmaltier zeichnet gut, ein Kalb roulliert, und auf den dritten Schuß fällt ein Tier im Feuer. Auch Onkel Hansi hat geschossen. Auf der Strecke liegen 8 Sauen, 6 Stück Hochwild, 4 Füchse und 22 Hasen.

Mittagessen ist beim „Schütthaus" an der Alleekreuzung der berühmten Ganter Dickungen. Es brennt bereits ein riesiges Feuer, nein ein Scheiterhaufen, der weithin Wärme spendet. Es gibt Székler Gulyás mit Nockerln und nachher Golatschen. Emil Holubar, der Leibjäger meines Großvaters, überwacht die gerechte Verteilung. Auch die Damen sind gekommen und schenken Glühwein, sowie alten Csokaer Weißwein in die Gläser ein. Die Stimmung hebt sich. Onkel Fritz Mayr-Melnhof hat auf einem Stand drei Sauen und einen Fuchs geschossen. Onkel Paul Blankenstein erlegte an diesem Tag einen recht guten Keiler, Onkel Franzi zwei Überläufer und vier Hasen.

Sehr bald ist wieder Aufbruch. Es sind noch drei kleinere Triebe zu nehmen, richtige Bürstendickungen von Allee zu Allee. Die Schützen stehen knapp vorne an der Dickung, um ungehemmt über die breite Allee schießen zu können. Da der Schnee jedes Geräusch dämpft, ist größte Aufmerksamkeit geboten, weil man ja nicht weiß, welches Gewehr man zur Hand haben soll. Mein Vater hat die Kipplauf-Büchse in den

Händen, während Onkel Hansi seinen 9,5×57 Mannlicher-Schönauer umklammert. Alle Schützen stehen, die Begleitung eng hinter ihnen. Da plötzlich zwei dumpfe Schüsse und hinterher eine ganze Kanonade. Eine Rotte ist zwischen Moritz Esterházy und Viktor Széchenyi gekommen. Das letzte Stück, ein gewaltiger Keiler, überschlägt sich wie ein Feldhase. Alle haben die Büchse in der Hand. Die Treiber brüllen, auch zurück scheint etwas zu brechen. Unentwegt knallt es. Da flitzt wie ein Strich auf 15 Meter ein Fuchs über die Allee. Mein Vater fährt mit, und festgenagelt liegt mit Kopfschuß aus dem Kirnerstutzen ein starker „Brandfuchs". Die zwei nächsten Triebe sind auch recht ergiebig, und es ist dunkel, als wir uns wieder in strenger Rangordnung mit unseren 15 Schlitten heimwärts bewegen.

An diesem Tag wurden erlegt: 21 Sauen, darunter drei starke Keiler, 14 Füchse, 8 Stück Hochwild und 61 Hasen. Zwei Fasanhähne wurden im letzten Trieb gefehlt.

Am frühen Nachmittag gibt es einen herrlichen Tee am Kamin in der Halle, einige spielen Bridge, einige machen ein Schläfchen. Um 21 Uhr ist dann das Jagddiner mit all den lukullischen Genüssen, die das Ungarn der Friedenszeit seinen Gästen bieten konnte. Recht bald geht man dann in die Klappe, denn es folgen ja noch zehn Jagdtage, und in der Früh ist Strecke vor dem Schloß...

Die einzige Pause des Jagdjahres war eigentlich der Februar, aber in manchen Jahren wurden die Saujagden bis in diesen Monat hinein abgehalten, zumeist bei unserem Nachbarn Moritz Esterházy, der meinen Vater immer einlud. Diese Saujagden waren noch besser als unsere. Seine häufigen Jagdgäste waren der Reichsverweser Admiral von Horthy sowie Erzherzog Joseph. Bei diesen Jagden sind auch über 60 Sauen an einem Tag in freier Wildbahn geschossen worden. Mein Vater hatte einmal schon bis Mittag bei einer Horthy-Jagd neun starke Sauen auf der Strecke, als ihm der Jagdherr verlegen lächelnd zu verstehen gab, er möge sich doch etwas zurückhalten, da seine Durchlaucht, der Reichsverweser, nur sechs Sauen habe. Tatsächlich hat mein Vater gewartet, bis Horthy ihn eingeholt hatte, allerdings war es dann schon Abend. Aber Horthy kam ja nicht jedesmal. Übrigens schien er mir ein ausgesprochen netter, altösterreichisch wirkender „Grandseigneur" zu sein, der viele Anekdoten aus der Zeit, als er Flügeladjutant beim Kaiser Franz Joseph war, zu erzählen wußte.

Als der Schnee zu schmelzen begonnen hatte, etwa Anfang der zweiten Hälfte des Monats März, waren auch schon die ersten Schnepfen angekommen, große Freude bei den Jagdherren und der Jägerei auslösend. Derjenige Berufsjäger, Förster oder Adjunkt, der die erste am Strich geschossene Schnepfe ablieferte, sowie der am meisten im Jahre erlegte, bekam einen schönen Erinnerungspreis von meinem Vater. Zumeist rivalisierten die Revierförster Josef Müller und Ernst Zechner miteinander, beide hervorragende Niederwildschützen und ausgezeichnete Weidmänner.

Da dies seinerzeit in Ungarn überall üblich war, hielten wir auch manchmal im Frühjahr kleinere Klopfjagden auf Schnepfen ab. Es war mehr als ein Buschieren mit nur wenigen Treibern. Die besten Revierteile für Schnepfen waren Gánt, Kápolna und Csóka. Die Tagesstrecken bewegten sich zwischen zehn und fünfundzwanzig Stück. Mein Onkel Hansi erlegte einmal neun, meine größte Strecke waren sieben Langschnäbel an einem Tag. Frühstrich war damals bei uns nicht üblich, dafür war aber alles, was eine Flinte führen konnte, am Abend im Revier versammelt. Nie habe ich in Csákberény mehr als drei Schnepfen an einem Abendstrich geschossen.

Die Liebe zum geheimnisvollen Langschnabel ist mir bis heute erhalten geblieben. Die Schnepfe folgt bei mir gleich hinter Hirsch und Keiler, und ich fahre gern 300 km, um eine Schnepfe am Abendstrich nur zu hören! Ist es das Geheimnisvolle ihres Erscheinens und ihrer Ankunft, ist es ihr abwechslungsreicher Flug, ist es die Frühjahrsdämmerung mit all ihren Schönheiten, ist es die Weisheit und Unberechenbarkeit dieses weitgereisten Vogels? Ich vermag es nicht zu sagen. Vielen Waidgenossen geht es aber gleich.

Da wir in Csákberény nur ganz selten anläßlich von Überschwemmungen Wasserwild hatten, fuhren wir zur Entenjagd Mitte Juli, Anfang August nach Ikrény im Komitat Raab, wo meine Großmutter eine Musterlandwirtschaft hatte. Im Juli — die Schußzeit auf Enten fing mit 15. Juli an — schossen wir die Enten nur am Strich, im August auch in Trieben, die als recht originell bezeichnet werden konnten. Die zwei großen Remisen von Ikrény, der Philippiwald und der Györi erdö, waren regelmäßig schon im Frühjahr überschwemmt. Das Wasser hielt sich dort bis zum Herbst. Nun wurden diese Waldungen normal durchgetrieben, und man schoß die Enten, auf den Alleen stehend, wie im November die Fasanen.

Der ganze Sommer war in Csákberény aber selbstredend dem „Kronprinzen" unserer Wälder, dem Rehbock, gewidmet. Es verging kaum ein Tag, an dem nach getaner Arbeit nicht der eine oder andere von uns zur Abendpirsch hinausfuhr. Rehe gab es bei uns überall recht viele. Die meisten und stärksten Böcke waren im Feldrevier Zámoly zu finden, wo sie aber infolge der Feldarbeiten erst spät abends austraten. Meistens fuhr man im leichten Jagdwagen die weichen, staubigen Feldwege ab. Wenn man ein geeignetes Stück erspähte, fuhr der Wagen weiter, während man aus dem Wagen schnellte, um das Stück anzusprechen oder zu erlegen. Selten wurden mehr als zwei Böcke während einer Wagen-Birsch geschossen.

Es ist nicht leicht die Sommerstimmung des ungarischen Landes zu beschreiben. Die Morgen- und Abenddämmerung, das Gurren der zahlreichen Turteltauben, das Huschen der Erdziesel, das Schäkern der Würger und Elstern, die Liebesspiele der Bussarde, den Duft der Akazien. Wer vermag die Ruhe zu beschreiben, die von weidenden Schafherden und dem schlafenden Hirten ausging, wer die jubelnde Andacht der vielen Lerchen, die in den Himmel stiegen! Herrliches Ungarn, unveränderlicher pannonischer Friede, ihr seid wohl gleich geblieben ...

Das alte Schloß stand in der Hitze der Landschaft, umrahmt von den rauschenden Parkbäumen. Immer war ein wenig

Wind, im Schloß war es kühl. In der Halle stand ein zusammenklappbarer Bridgetisch, und auf dem waren die in der Saison erlegten Rehgehörne der Stärke nach aufgereiht. Im Laufe der vielen Jahre, da unser Schloß stand, wurden fast alle Rehkrickeln darin aufgehoben. Allein in der Bibliothek hingen über dreihundert. Wir hatten in Csákberény darum nur die kleine Hirnschale und verwendeten minimale ovale Trophäenbretter, um die Rehkronen noch geschmackvoll unterbringen zu können. Schon bevor das Deutsche Reichsjagdgesetz ins Leben gerufen wurde, es in Ungarn aber nichts dergleichen gab, hat mein Vater als Bezirksjägermeister von Mor Abschußplanung und strengste Hege eingeführt. Er konnte sehr unangenehm werden, wenn einer von uns einen falschen Abschuß tätigte. Wir jungen Burschen waren nicht nur verpflichtet, die von uns geschossenen Stücke selbst anzusprechen (Jäger wurden uns keine mitgegeben), aufzubrechen und wenn möglich heimzutragen, es war auch unsere Pflicht, jeden Fehlschuß, ja jede Phase unserer Pirsch genauestens zu beschreiben, und es war undenkbar, eine Unwahrheit zu sagen.

In unserem 15 ha großen Park war es strengstens verboten, auf Wildtauben zu schießen. Wir hielten dieses Verbot Vaters auch immer ein, bis auf ein Mal, als ich den „Schuß meines Lebens" tat. Ich schoß, ohne mir einen Erfolg zu versprechen, auf eine fliegende Turteltaube mit dem Kleinkaliber, und sie kam zu meinem allergrößten Erstaunen auch maustot herunter. So wie sie herunterkam, kam auch mein Vater mit Spazierstock, den Hunden und weißem Strohhut daher. Er hatte die Begebenheit zufällig miterlebt. Vorerst gab er mir feierlich die Hand und gratulierte mir zum Meisterschuß, dann nahm er die Walther-Büchse und entzog sie mir auf zwei Wochen. Nie mehr habe ich einen Schuß im Park gemacht.

Übrigens habe ich nur fünf streichende Vögel in meinem Leben mit der Kugel erlegt. Mein Onkel Graf Josef Stubenberg aber – nebst Herzog Albrecht von Bayern und Reichsverweser Horthy wohl der beste Kugelschütze, den ich sah – schoß mit der Büchse im Flug besser, als mancher Anfänger mit

Schrot. Sein Bruder Ernst wird es bezeugen können, daß er in seinem kurzen Leben über 100 Stück mit der Kugel im Flug erlegt hat.

Doch bleiben wir bei dem Csákberényer Jagdjahr. Im Juli waren bei uns die Ferien auf dem Höhepunkt und wurden von uns Lausbuben auch weidlich ausgenützt. Tennisspielen, Baden, Pirschen, Radfahren, Reiten, Essen und Schlafen waren neben dem so beliebten Fußballspiel und anderen Freuden unsere durch harte Pensionatsmonate redlich verdiente Beschäftigung. Eines Tages fuhren mein Bruder Feri und ich mit dem alten „Steyr 50" zum berühmten Rosenbad unseres Nachbarn Alex Pappenheim nach Szentgyörgy. — Der Badewärter, der gleichzeitig auch Jäger war, verriet uns, daß am Abend auf Blässhühner gejagt werden sollte. Wir fragten ihn, ob wir nicht kommen könnten. Er sagte ja. Dies genügte uns vollends. In 100-km-Tempo sausten wir auf den staubigen Straßen, einige Hühner überfahrend nach Hause. Zwei Stunden später waren wir mit je einer Zwanzigerflinte und mächtig viel Patronen am Sammelplatz erschienen. Das Gesicht des guten Alex P. war unvergeßlich. Er verzog nämlich keine Miene. Wir bekamen herrliche Stände, schossen miserabel, und am Abend fuhren wir heim, ohne die leiseste Bemerkung gehört zu haben, daß wir ja gar nicht eingeladen waren. Zu Hause gab es ein Donnerwetter wegen der ohne Erlaubnis entführten Gewehre. Daß wir aber in Szentgyörgy unerlaubt auf Blässen gejagt hatten, erfuhr unser Vater niemals. Alex Pappenheim, der echte Gentleman, hat uns nie verraten.

Zu unserer jagdlichen Erziehung gehörten auch die zahlreichen unbewaffneten Spaziergänge in unserem schönen Wald. Sie dienten der Beobachtung des Wildes, der Natur, der Kontrolle der Fütterungen, dem Botanisieren für unseren Steingarten, der Begleitung der Revierjäger usw. Sogar das Aufstellen von Hochständen, das Putzen der Birsch-Steige, das Reparieren von Wildzäunen und Futterstadeln wurde uns in den Ferien manchmal zur Pflicht gemacht. Vater betonte immer wieder, daß nur der ausgebildete und beherrschte Waidmann zum Schuß berechtigt sei, ohne die Bedeutung des Schusses zu bagatellisieren. Wir mußten jährlich unsere Schießkunst bei Konkurrenzen des Jagdpersonals unter Beweis stellen, und sehr viel auf der Scheibe üben. Daß wir gerne schossen, ist eine Selbstverständlichkeit. Jene Waidmänner, die den Schuß auf Wild als in der Jagd zweitrangig und unwichtig betrachten, haben zwar mein Verständnis, doch gehöre ich nicht zu ihnen. Für mich gehört der gute Schuß zum „Repertoire" des passionierten Waidmannes. Und zu einem solchen wurde ich erzogen.

Eben deswegen, weil wir eine wirklich strenge und umsichtige jagdliche Erziehung genossen, war es unverzeihbar, wenn wir gegen Gebote der Waidgerechtigkeit, gegen Spezialverbote des Jagdherrn, gegen unser eigenes Waidmannsgewissen verstießen. Es ist vielleicht nicht jedermanns Sache, solche Entgleisungen ohne Pathos trocken zu schildern, denn er könnte riskieren, daß der Leser glaubt, diese Entgleisungen wären die Regel gewesen. Ich glaube aber, daß man gerade durch Ehrlichkeit in der Schilderung – und der kritische Leser merkt die Wahrheit sofort, – der Jugend mehr nützt als mit Erzählungen über erfolgreiche, ausschließlich korrekte Erlebnisse.

In meinem Zimmer in Graz hängen die Waffen meines stärksten Keilers. Ich habe sie mitgenommen und an Stelle von ersetzbaren Kleidungsstücken bis in unsere freie Steiermark gerettet. So oft ich diesen meinen stärksten Keiler ansehe, muß ich an die Begebenheit denken, die zu seiner und seines schwächeren „Kollegen" Erlegung führte. Noch immer mischt sich dabei Erlegerfreude mit echter Scham, auch heute, 30 Jahre nachher.

Eines Abends im Jahre 1943 hatte ich sehr spät über das Tal hinüber auf ein recht starkes Stück Schwarzwild geschossen, das gut zeichnete, außerdem hörte ich Kugelschlag. Da es schon sehr finster war und das Gelände recht unwegsam, beschloß ich, heimzugehen und die Nachsuche auf den nächsten Tag zu verschieben. Wie meistens, wenn ich Waidmannsheil hatte, war es ein Samstag. Da sonntags die Jäger dieses Reviers (mangels an Wildschützen) frei hatten, wollten mein Bruder

Feri und ich die Nachsuche selber erledigen. Mein Vater befand sich auf einer Reise, und wir erwarteten ihn erst für den Nachmittag des Sonntags zurück. Ich schildere diesen Tag ohne jede Beschönigung, und es ist mir völlig klar, daß wir uns sehr unwaidmännisch benommen haben. Erstens nahm jeder von uns für seine Büchse nur drei bis vier Patronen mit. Beim Hinauffahren auf den Csonkabükk gingen wir beide (und das war der zweite Fehler) zum Nachbartal jenes Ortes, wo gestern mein Schuß gefallen war, um einen Blick auf dessen oberen Schlag zu werfen. Feri ging links und ich rechts von der Talmündung, so daß wir bald einander gegenüberstanden. Das erste, was ich sah, war ein kapitales Schwein, das – von Feri ungesehen – auf der Lehne unter ihm stand. Es war so grau und infolge der Sommerfärbung so einem Hausschwein ähnlich, daß ich mich eine ganze Zeitlang zum Schuß nicht entschließen konnte. Mittlerweile hatte der Keiler, – denn ich sah seine sehr beachtlichen Waffen, – aber Wind von Feri bekommen und wechselte recht schnell über den Schlag der nahen Dickung zu. Und nun benahm ich mich zum drittenmal unwaidmännisch. Statt den „Hahn in Ruh" zu lassen, bis das angeschweißte Stück – das gestrige – auf der Strecke lag, begann ich auf den zirka 200 m entfernt trollenden Keiler zu schießen und erlegte ihn auch auf den dritten Schuß. (Es blieb mein stärkster Keiler mit 22-cm-Waffen.) Dadurch rogelig gemacht, flüchtete ein ganzes Rudel Sauen direkt auf Feri zu, der mit zwei Schüssen zwei Überläufer erlegte. Wir zogen die Sauen zu dem Weg, brachen sie auf, was eine langwierige Mordsarbeit war, doch mittlerweile war es elf Uhr vormittags und sehr heiß geworden. Mit je einer übriggebliebenen Patrone begaben wir uns endlich um halb elf Uhr zum Anschuß des gestrigen Stückes, und zwar ich an den Ort, von wo ich geschossen hatte, während Feri von mir eingewiesen wurde. Nach mühevollem Suchen im übermannshohen Buchendickicht entdeckte er endlich die Sau auf vier Meter Entfernung. Das Schwein lag wie leblos, und Feri näherte sich noch mehr. In diesem Augenblick wurde er angenommen.

Mit einem Satz war der Keiler unmittelbar vor ihm und hätte ihn auch sicher umgeworfen, wenn durch den Schuß des Vortages dem armen Tier nicht beide Vorderhämmer hoch abgeschossen worden wären. Feri reagierte blitzschnell, doch verfehlte sein mit der letzten Patrone abgegebener Schuß den Keiler, worauf Feri einige Schritte zurücksprang und mich herbeirief. Wenn man die Dickungen und Steilhänge des Vérteswaldes kennt, wird man ermessen, daß dies nun wieder einige Zeit dauerte. Es war halb zwölf Uhr, als ich neben ihm stand. Ich näherte mich dem Keiler, der, mit dem Gebrech laut knackend, in einem Brombeerdickicht saß und uns mit seinen kleinen Lichtern fixierte. Ich konnte nicht recht abkommen und ging einen Schritt näher. Der Keiler saß ungünstig. Ich zielte hinter die Teller. Im Moment des Schusses machte der Keiler aber eine Bewegung und mein Schuß durchschlug den linken Teller, ohne das Haupt zu treffen. Nun standen wir beiden Sünder ohne Patronen da. Feri, zeit seines Lebens ein schneidiger Bursch und Draufgänger, nahm nun seinen Mauser beim Lauf und hieb dem Keiler mit Aufbietung seiner ganzen erheblichen Kräfte auf das Haupt. Der Schaft des neuen Mausers zersplitterte wie ein Zündholz. Nachdenklich hielt Feri die kaputte Waffe in den Händen. Der nur erschrockene Keiler aber arbeitete sich langsam immer weiter in das Dickicht hinein. Nun hatten wir die drei Sauen zu liefern, neue Patronen zu holen, mußten noch rechtzeitig, bevor mein Vater kam, die Sache erledigt haben, und das Dorf war etwa sieben Kilometer weit. Außerdem hatten wir die Sonntagsmesse versäumt, und wie wir bald feststellen konnten, war unser Wagen samt Pferden verschwunden. Ich will es kurz machen. Es war vier Uhr nachmittags, als wir dem armen Keiler den tödlichen Fangschuß gaben, und bereits finster (Anfang August), als wir vor der Küche Strecke legen konnten. Obgleich nicht sofort über alle Einzelheiten unterrichtet, machte uns der bereits anwesende Vater eine seiner gefürchteten Vorhaltungen, die wir uns für unser weiteres Leben gemerkt haben.

Höhepunkt der Csákberényer Jagdsaison, aber auch des ganzen Jahres, war die Hirschbrunft. Feisthirsche erlegte man in Ungarn nicht, da die Schußzeit nur vom 1. September bis 15. Oktober dauerte. Im September, ja oft schon Ende August, röhrten die Hirsche je nach Witterung. Mein Großvater kam pünktlich und regelmäßig am 18. September und blieb etwa 10 Tage. Er konnte sich nicht länger in Ungarn aufhalten, denn seiner harrten die Reviere Brandhof, Staritzen, Kräuterin, Lochbach und Weichselboden in der Steiermark. In der relativ kurzen Zeit schoß er fünf bis acht Brunfthirsche in Csákberény. Im ganzen fielen etwa 25 starke Hirsche; allerdings betrug der Hochwildstand 1935 an die 2000 Stück. Vor der Brunft sah man nicht selten Hirschrudeln von 50 bis 60 Stück, die älteren Hirsche hielten sich in kleineren Gruppen auf. „Goldmedaillenhirsche" schoß man nach der Jahrhundertwende in Csákberény — sicherlich auch der Wildmenge wegen — keine mehr.

Da meist nach Kriegen und den nachfolgenden Unruhen der Wildstand fast restlos ausgerottet wird und dabei das Rotwild am meisten leidet, lag es auf der Hand, daß die Qualität der Geweihträger nach diesen Aderlässen eine bessere wurde. Hirsche mit etwa 185 Nadlerpunkten, ja sogar mit 193 Punkten, erbeuteten wir zwischen 1926 und 1936 einige (bis 1926 wurde geschont). Mein Vater schoß seinen besten Hirsch im Jahre 1937 auf dem im ganzen Vértes berühmten Großen Cser. Diese sehr große Waldwiese war der beste Brunftplatz weit und breit. Er lag in unserem Besitz, umrahmt von Esterhazyschen und Lambergschen Wäldern. Der Lebenshirsch meines Vaters hatte fast 9 kg und wog 220 kg aufgebrochen. Es war ein grauer, ramsnasiger Hirsch ohne Mähne. Wir saßen am 19. September mit dem Heger Müller auf einem der Hochstände und beobachteten meinen Vater, wie er in Begleitung des Försters den Hirsch ganz, ganz langsam, auf allen Vieren kriechend, quer über den von viel Wild bevölkerten Brunftplatz in einem alten Graben anbirschte. Im letzten Moment stellte sich ein abnormer Kronenachter —

eine große Seltenheit – in seinen Weg, und er schwankte. ob er schießen, oder ob er weiter auf den Kapitalen warten sollte, der hinter Brombeerdickungen mit seinem Rudel stand.

Bald hörte ich den erlösenden Schuß, und dann standen wir vor dem edelsten Recken unserer Wälder. Mein Vater war überglücklich und aufgeräumt wie schon lange nicht. Aber auf der Heimfahrt wurde er plötzlich nachdenklich und sagte mir Elfjährigem deutlich und für mich unvergeßlich, daß wir schweren Zeiten entgegengingen und unser scheinbar so unbeschwertes Dasein von nicht allzu langer Dauer sei. Er hatte recht. Ein Jahr darauf, als meine Mutter mit den beiden Jüngsten gerade nach Österreich verreist war, marschierte dort die deutsche Wehrmacht plötzlich ein, und mein Vater teilte dies meiner Mutter sogar telefonisch aus Csákberény mit. Damit begann auch jene Entwicklung, die schließlich mit dem Verlust unserer Heimat enden sollte.

In den Jahren 1939 bis 1943 war noch scheinbarer Friede in Westungarn, und die Jagd wurde bei uns nicht gestört. Im Jahre 1944 – von dem ich später in jagdlichem Zusammenhang erzählen will – waren aber schon ohne unser Wissen sowjetische Partisanen im Vérteser Wald, während wir noch lustig auf die Birsch gingen und ich selber neun Brunfthirsche erlegte. Diese Partisanen hatten es relativ leicht, denn der Wald war voll von Fremdarbeitern, und fremde Gesichter fielen daher nicht auf. Wie es sich Jahre später herausstellte, beobachteten sie uns seit August, störten uns aber niemals. Fotografien, die uns nach Kriegsende von ungarischen Partisanen und in russischen Kommandanturen gezeigt wurden, bewiesen dies meinem Bruder und mir hundertprozentig! Während der Hirschbrunft des Jahres 1944 wurde ein alter Jäger von uns feierlich zu Grabe getragen. Das halbe Dorf war anwesend, als unser Pfarrer am Friedhof die Einsegnung vornahm und der Sarg in die Erde gesenkt wurde. Mein Vater stand als Gutsherr unmittelbar neben den Angehörigen. Von dieser Feier machten die Partisanen ein Photo, und kein Mensch ahnte es, daß wir alle damals mit Teleobjektiv aus dem nahen

Wald aufgenommen wurden. Ich selber habe 1946 diese Aufnahme gesehen.

Ich erlegte meinen stärksten Hirsch, einen uralten 12-er, am 23. September 1944. Im Jahre 1946, nach meiner Rückkehr aus dem Westen, finde ich das Geweih in der Nachbargemeinde Csóka wieder. Ich kaufe es dem Bauern ab, der behauptet, es selbst erbeutet zu haben. Ich nehme es in unsere neue Behausung in Csákberény. Zwei Jahre darauf verlasse ich Ungarn, diesmal endgültig. Meine Wohnung bleibt zunächst stehen. Das Geweih hängt noch. Dann wird das ganze Mobilar meiner fünf mühsam aus Restmöbeln eingerichteten Zimmer abtransportiert. Das Hirschgeweih kommt auf den Wagen nicht mehr hinauf. Es bleibt im Dorf. Eine treue Seele findet es, dann kommt es auf den Dachboden eines Försters. Dort bleibt es bis 1959 zwischen Maiskolben und Gerümpel liegen. Eines Tages aber wird es mir plötzlich vom Postboten in meinem Büro in Eggenberg übergeben. Ein Gegenstand, ein Objekt... Ich schäme mich der damals vergossenen Rührungstränen nicht. Jetzt hängt die Trophäe meines stärksten Hirsches, des kapitalen Keilers und des prämierten Siebenbürger Rehbockes in meiner Grazer Wohnung. Viele Trophäen, alle Tagebücher und Fotos habe ich gerettet.

Meine jagdlichen Erinnerungen aus dem herrlichen Csákberény sind daher auch in völliger Reinheit erhalten geblieben und werden dank meines Jagdbuches, das ich retten konnte, niemals verblassen. Was ich hier niederschreibe, ist vielleicht nicht immer spannend, nicht immer sensationell, aber es ist wahr und ein kleines Stückchen Jagdgeschichte. Ein kleiner Mosaikstein jener unbestechlichen Mutter Historia, die in letzter Zeit so viele falsche Schwestern bekommen hat.

Alles in allem haben unsere österreichischen Vorfahren und wir echte alpenländische Waidbegriffe und Bräuche in Csákberény eingeführt. Ich bin stolz darauf, daß unsere Familie eine bescheidene jagdliche Pionierarbeit geleistet hat, die von unseren „Nachfolgern" heute noch hochgehalten wird.

Ab Ende der fünfziger Jahre erreichen uns Berichte aus der alten Heimat, die jagdlich nicht unerfreulich sind. Im Bereiche der Jagd wird die Tradition respektiert und es werden moderne wissenschaftliche Erkenntnisse angewendet. Die Qualität der Trophäen hat sich eindeutig gebessert, nicht zuletzt wegen der Verminderung des Wildstandes. Ausgenommen sind hiebei nur die Sauen, die sich überall verbreitet haben. Die starken Hirsche werden auch in unserem ehemaligen Revier zum Teil von ausländischen Jagdgästen um gutes Geld erlegt und zieren westliche Wohlstandswohnungen. Diese Zeilen sollen aber keinerlei Kritik an den zahlenden Gästen sein, sie sollen lediglich von jenen Zeiten erzählen, als es noch anders war, sie sollen auch einige der Gefühle vermitteln, die die ehemaligen Begründer und liebevollen Heger der Reviere manchesmal verspüren.

Die Buchen und Eichen rauschen im Winde und auch der Himmel ist so blau wie immer. Es gibt Werte im Leben, die sich Gottlob nicht ändern, die ewig gleich bleiben. Menschen und Zugvögel wenn ihr meine Wälder seht — grüßt sie von mir.

Denn der Wald, die Sonne und ich, wir drei sind gleich geblieben.

Kopffasanen

In der Nacht waren wir vom Pensionat zurückgekommen. Eine lange Reise lag hinter uns. Trotzdem wälzte ich mich in den Federn, während im Hühnerstall die ersten Hähne krähten und Ferenc mit viel Getöse die Öfen des Schlosses heizte. Ich war gerade aufgewacht, die gewohnte Stunde des Weckens – doch keine Glocke schrillte und kein Pater war zu hören. Es war sonderbar ruhig im Schloß, ein berauschendes Glücksgefühl ließ mein Herz schneller schlagen: Ich war zu Hause, am ersten Tag der Weihnachtsferien, und zählte 15 Jahre. Gibt es etwas Schöneres?

Da erschien schon Ferenc, der alte Diener, und bald war es schön warm in der Stube, die Müdigkeit war verflogen. Als mein Vater kam, um nachzusehen, ob wir schon wach wären, war ich bereits angezogen, mein Bruder aber saß am Fenster im Nachthemd und schoß auf Krähen. Mein Vater schaute uns lächelnd zu – ich suchte Patronen aus der Lade, richtete meine Flinte und war schon vor dem Frühstück fix und fertig, ungeduldig wartend wie ein Jagdhund, dem die Zeit immer zu lang wird.

Vertraute Gesichter, freundliche Grüße, auch Maxi, mein kleiner Bruder, kommt hervor, die Flinte in einer Hand, während die andere in einem riesigen Muff steckt. Dann braust der schnelle Jagdwagen los, wir fahren nach Zámoly, dem Fasanenrevier, das etwa sieben Kilometer entfernt liegt.

Die Hauptjagden waren schon im November abgehalten worden, dies war nur eine jener Nachjagden, die im allgemeinen unterhaltender waren, als die ersten. Außer meinem Vater, meinen zwei Brüdern und mir, sind nur noch Öhlmann, der Oberjäger, und Misi, der Hilfsjäger, einen übergroßen Setter an der Leine, und natürlich die Treiber, wohl 15 bis 16 an der Zahl, dabei.

Der erste Trieb, unweit des Jägerhauses, hieß „Sándor", bestand aus einem recht steilen Hang, der in ein großes Plateau überging, im oberen Drittel sehr dicht war, seinen Abschluß aber in einer breiten Allee fand. Die Bäume, die im Tal wuchsen, meist Pappeln und Weiden, waren sehr hoch, und die Fasanen wurden hinuntergetrieben.

Am Eck stand mein Vater, auf der Allee Maxi, und etwas weiter oben ich, links von meinem Vater Bruder Feri. Fast lautlos geht der Trieb an, und schon kommt ein Häslein, das ich vor lauter Nervosität glatt fehle. Maxi schießt auch einmal, dann ein schneller Schuß meines Vaters über ihn hinaus und sauber rollt der Hase den Hang hinunter.

Mein Vater, der Zeit seines Lebens mit den kleinen Springer-Flinten, Kaliber 20, schoß, hatte heute eine Zwölfer, ich mein altes Sechzehner-Hahngewehr und die beiden Brüder die Zwanziger. Schon sehe ich eine Menge Fasanen vor mir, sie laufen teilweise zurück, wollen offenbar nicht ins Tal hinunter, da steht weit hinten ein Hahn auf, streicht schräg zwischen Vater und Maxi, hebt sich über die erste Baumreihe. Maxi zielt, ich sehe oben eine Federwolke, und der Hahn fällt wie ein Stein auf das Feld. Schön war das, denke ich nicht ohne Neid, winke Maxi zu, doch der schüttelt den Kopf, und Vaters Flinte klappt selbstbewußt.

Das erste Bouquet wird vor mir hoch, ich schieße eine Doublette auf nahe Aufstehgockeln, von unten müssen sie viel schöner wirken, weil sie ja durch den steilen Hang viel tiefer fallen, als sie hoch geflogen sind.

Unten fallen die Kopffasanen recht sauber. Bruder Feri hat es anscheinend auch ganz gut heraus. Jetzt fehlt Maxi einen niedrig streichenden, der sich knapp vor ihm erhebt, er dreht sich um und schießt mit Kernschuß – den Hahn auf weite Entfernung herunter. Das war schön. –

Nun steht wie auf Kommando ein Bouquet nach dem anderen auf. Es sind sehr viele Hennen dabei. Gierig, wie ein sprungbereiter Tiger, stehe ich halb im Anschlag, die Treiber passieren mich gerade, die Fasanen stehen weiter vorne auf, ich blicke verstohlen zum Vater hinüber, der, in sich zusammengesunken, auf seinem Jagdsessel sitzt, im richtigen Augenblick aber aufspringt, um einen Hahn elegant herunterzuholen. Seine Bewegungen sind im Augenblick des Schusses so schnell und sicher, daß wir oft unsere eigenen Hähne darüber vergessen.

Die Treiber haben mich schon verlassen, da, auf einmal: „Tiro, Schnepf!" und mitten auf der Allee kommt er daher, so langsam und so nah, daß ich seine erstaunten Augen sehen kann. Bei Schnepfen bin ich immer sehr ruhig. Lasse ihn ausstreichen, und weich fällt er in die Dornen. Komisch, man hat bei Schnepfen oft das Gefühl, die Schrote greifen einen Augenblick zu spät. Daß ein Schnepf in diesem Revier um die Weihnachtszeit angetroffen wird, ist kein Wunder — die warmen Quellen der Gegend waren schon den alten Römern bekannt.

Die Treiber sind vor Maxi angelangt, der auch einiges zu tun bekommt. Einen recht weiten Schuß sehe ich von ihm, dann beginnt das Finale. Hahn auf Hahn fällt auf die Schüsse meines Vaters hin, auch Feri schießt sauber, da beginnen die ersten Hähne zurückzustreichen. Ein Hahn kommt direkt auf mich zu, er streicht niedrig über den Bestand, nun muß er sich heben, ich gehe in Anschlag — da fällt er mir vor die Füße.

Maxi klappt seine Flinte zusammen zielt auf den nächsten, fehlt ihn zweimal.

Ich denke: „Dir werd' ich's zeigen!" ... Bum, bum ... er zuckt nicht einmal mit den Schwingen. Als Abschluß nicht sehr elegant ...

Öhlmann legt die erste Strecke. Es sind 34 Hähne, 1 Hase, 1 Schnepf und 1 Henne. Vater schoß 15, ich 8 Feri 9, Maxi 5 Stück.

Es geht nun weiter. Drei Triebe in der Ebene. Darunter ein Hasentrieb, Juhállás genannt, wo wieder ein Schnepf vorkommt, doch unbeschossen zurückstreicht.

Es fallen noch 51 Hähne 16 Hasen und 1 Nußhäher. Dann kommt der letzte Trieb: Dallos, der klassischste Trieb unserer Zámolyer Jagden. Hinuntergetrieben, wie immer. Wir können unsere Stände aussuchen. Ich wähle den traditionellen Stand von Großpapa, ganz unten auf der Wiese, etwa 50 Schritte vom Bestand entfernt. Vor mir eine dichtbewachsene Lehne, die auf beiden Seiten wie eine Nase abfällt, links in einer Allee ausläuft, die auf etwa 80 Schritte vor mir im Tal mündet. Rechts von mir sind wieder Felder, daher fliegen die Fasanen lieber über die Allee als auf diese Seite.

Mein Vater stellt sich zum Auslauf der Allee, die beiden Brüder auf dieselbe. Es wird auf die Ecke meines Vaters getrieben, weil wir zu wenig Schützen sind, um auch die linke Flanke zu besetzen. Die Höhe des Hügels beträgt etwa 80 m. Der Trieb fängt an.

Verschwommen trägt der Wind ein „Tiro" zu uns heran. Da, hoch wie eine Schwalbe kommt ein langes Etwas, anscheinend ein Hahn, ohne mit den Schwingen zu schlagen. Ich schieße zweimal, vergebens, als ob Luft in den Patronen wäre. Mein Vater hebt die Flinte, der oben läßt sein Köpferl hängen und saust wie eine Bombe, mit der Brust voran, auf den Acker.

Nun kommt eine ganze Gesellschaft, ihr Tempo ist ungeheuer. Ich schieße — bum, bum — wieder vorbei, und wieder schießt Vater den Hahn herunter.

„Mehr vorhalten!" sagt er nebenbei.

Ja, aber wieviel? Man verliert ja ganz den Maßstab.

Der gute alte Dallos schickt neue und neue Fasanen. Ich nehme mich zusammen.

‚Vor-hal-ten!! denke ich, ziele über den Kopf, verliere den Halt, der Schuß bricht, ich liege am Boden und der Hahn kommt

---

Mein Vater im Jahre 1943 (Farbzeichnung des Jagdmalers Stefan Mautner, der 1944 im KZ gestorben ist).

leblos herunter. Allgemeine Anerkennung, allgemeines Erstaunen. Der nächste fällt auf den zweiten Schuß hin, aber ich falle nicht mehr. Ich stehe mit gespreizten Füßen mit dem Gewicht auf dem linken. Ich ziele viel ruhiger und gehe erst in Anschlag, wenn ich den Schuß gleich nachher abgebe. Meist fallen sie erst beim zweiten Schuß, weil immer noch zu wenig Schwung dabei ist. Sehr oft fehle ich noch. Aber immerhin war das Eis gebrochen, ich schoß auf diesem Stand 5 „Turmfasanen" herunter, und das schien mir eine Leistung, denn vorher war für mich ein Kopffasan der schwerste Schuß, den es gab.

Dallos allein ergab 41 Hähne und 10 Hasen. Mein Vater hatte wieder allein 16 erlegt. Auch Maxi schoß am oberen Stand 9 Gockeln.

Wir legen die Strecke: 126 Fasanen, 27 Hasen, 1 Schnepf, 2 Nußhäher. Wir haben saubere Arbeit geleistet. Es wird merklich kalt und die Sonne ist hinter violetten Winterwolken verschwunden. Wahrscheinlich kommt über Nacht der Schnee.

Die Nachjagd ist vorbei. Weit über Erwartung haben wir geschossen. Der gute Öhlmann lacht unter dem vereisten Bart. Während er sich verabschiedet und frohe Weihnachten wünscht, schaue ich noch einmal um mich. Wieder einmal konnten wir den Zauber eines herrlichen Dezembertages genießen. Blau glitzern uns die Berge entgegen, als wir in der Kalesche gegen den eisigen Nordwind heimwärts fahren. Heute gibt es viel zu erzählen.

Weihnachten steht vor der Tür. Eine Zeit voll Glück und unbeschwerter Freude.

Bild oben: Das Csákberényer Schloß — mein Heimathaus — in glücklichen Tagen.

Bild unten: Und so sah dasselbe Schloß 1945 aus.

Der letzte Ferientag

Wenn ich an diesen Tag denke, höre ich noch die eigentümlich anregenden Laute des morgendlichen Krähenstriches, sehe ich die gelben Mauern unseres Hauses, wie sie aus Schneeverwehungen klobig herausragen, spüre ich die angenehme Wärme des Holzofens, welcher vor einer Stunde in Brand gesetzt wurde. Über 30 Jahre sind seither vergangen, doch kein Vergessen trübt die Erinnerung. – Tagelang litt ich schon daran, daß diese außergewöhnlichen Ferien, entstanden aus Kohlenmangel, zu Ende gehen und ich bald in das verhaßte Pensionat zurück muß, doch dann verwischten neue Eindrücke, jagdliche Abenteuer und jugendliche Unbekümmertheit alle Sorgen. – Es war der 27. Jänner, 1942 …

Der Tag ist frisch und klar, schneidend die Bläue des Himmels, knisternd der Rauhreif, der sich in der Nacht in Astwerk und Dachrinnen, auf Dächern und Drähten eingenistet hatte. Kohlenferien. Der letzte Tag zu Hause. Habe ich viel gelernt? Was bringt die Zukunft?

Während ich schläfrig durch das Fenster schaue, klopft es an der Tür und Hilfsgärtner Denke kommt atemlos hereingestürmt.

„Ein Marder sitzt im Glashaus. Ich habe ihn frisch hineingespürt, er ist ganz sicher; in einer halben Stunde Treffpunkt."

Verweht sind die Gedanken. Schnell! Und schon kommen sie: Trampler Laci mit der einläufigen Damastspritze, mein Vater, Ferenc mit einer 14er Lefaucheux, meine beiden Brüder, und auch ich habe meine treue „Steyr" 16-er in der Hand. An Frühstück wird nicht mehr gedacht.

Der alte Moder, der Obergärtner, ist gar nicht zufrieden.

Hoch oben am Dachboden, sagt er, ist peinliche Ordnung. Ja, ja der Marder liebt halt diese Ordnung.

Die Dachluken werden von Vater, Bruder Feri und Maxi besetzt. An der Längsfront harren Trampler und Ferenc. Ich selber werde beim Ausgang des Rübenkellers, dessen vermoderte Decke Verbindung mit dem Boden hat, angestellt. Zunächst nur ohrenbetäubendes Blechkonzert. Nichts. Es rattert und rumort am Dachboden, daß man an Einsturz denkt. Noch immer nichts. Habe ich je einen lebenden Steinmarder gesehen? Maxi links neben mir ist wachsam. Er hält die kleine 20-er fest in der Hand.

Da auf einmal ... „Itt van, itt van" ... („da ist er ...") und mit einem Ruck erstarren die Schützen im Blumengarten.

Dann ging es wie der Blitz. Maxi schießt, noch ehe er ganz auffährt, ein brauner Klumpen fliegt an mir links vorbei. Ich werfe den Schuß ganz nach Gefühl, ist er zu kurz? Dort sind die Rahmen der Mistbeete aufgestapelt. Und mit einem Krach schlägt der kapitale Marder an diese. Es ist aus. Ich habe meinen ersten Marder geschossen. Wie es sich später ergab, hatte er ein Schrotkorn Nr. 8 im Schädel, sonst nichts.

Mit Heißhunger ging es nun zum späten Frühstück. Während Päckchen und Thermos von Antal schon geholt werden und Hendrik den Schlitten vorfährt, erzählen wir begeistert. Nur Ferenc fällt das Anrichten schwer. Er sah den Marder am Dachsims hocken. Doch versagten beide Nagelpatronen. Dann geht es weiter. Der Hochwildabschuß ist noch nicht erfüllt. In Ungarn war in jenem Jahr noch Schußzeit.

Eisig brennt uns der Staubschnee in den Augen, warm schützt der Fußsack, taub macht die alte Pelzkappe. Hendrik, der Roßlenker, sonst mit rotem Schnurrbart, ist heute „eisgrau". Auch Förster Müller neben mir blinzelt. Er riecht nach Schnaps. Ist es Treber oder Silvorium?

Dann biegen wir in die Halomvölgy ein. Die lustigen Glocken werden vom Geschirr abmontiert, die alte Kipplaufbüchse quer über das Knie gelegt. Der Förster, mein Lehrmeister, hat die Führung übernommen.

Der Schlitten hält. Hochwild! — Braun-gelb zeichnet sich am Schnee das flüchtig abgehende Rudel ab, krachend rumpelt es vor uns, während der Wind den aufsteigenden Pulverschnee zu Wolken wirbelt. Ich steige geschwind aus, Förster Müller spricht in aller Ruhe an. Das dritte ist ein Schmaltier. Sie kommen über den Hohlweg. Voran das alte, klapprige Leittier mit dem langen Haupt. Schon bin ich in Anschlag. Ich stehe vor den Pferden. Distanz etwa 80 Schritt. Das zweite ist vorbei...

Etwas voreilig schieße ich. Ich habe mit dem Fernrohr auf die Allee visiert und mit dem anderen Aug sehe ich das Schmaltier kommen. Etwa unter dem Träger komme ich ab, dann sind sie weg. Etwas zweifelnd gehen wir hin, Förster Müller tadelt sogar ein wenig. Er meint das Rudel hätte sicher noch irgendwo verhofft. Mein Gefühl ist aber gut, ich weiß nicht wieso, denn Kugelschlag haben wir nicht gehört.

Und als wir zu der kleinen Biegung kommen, wo der Weg in Richtung Nyáriállás abschwenkt, während ich emsig herumspähe und unser Kutscher Hendrik umdreht und langsam entgegen kommt, liegt da das Schmaltier mit einem Blattschuß, so abgezirkelt, wie es mir seither nur selten in der Flucht gelang.

Nun wird es ein wenig gemütlich. Während das Tier aufgebrochen wird und diskreter Dampf gen Himmel steigt, öffnet Hendrik den Klappsitz und eine Anzahl Herrlichkeiten kommt zu Tage.

Frischer Schweinespeck, Zwiebel mit Paprika, Wein, mit Tee gemischt. Wir essen und plaudern, und im stillen Wald geistert der Frieden. Kein Ton, nur das Stampfen der Pferde macht uns roglig, und es wird kalt.

Über das Horogvölgy geht es in schnellem Tempo dem Föhrengarten entgegen. Wollen wir unser Glück noch versuchen? Manch wehmütiger Gedanke paart sich mit dem Optimismus der Waidmannsfreude, mit jugendlichem Elan, den das Getränk gespendet.

Bevor wir den Hochwald erreichen, schnellen plötzlich

Hendriks Ellbogen zurück, ein Psst... wird mehr gehaucht als gesprochen und seine Augen deuten nach links. Auf 70 m steht brettlbreit ein Hauptschwein. Der Windfang hoch, als ob es schielen würde; es hat uns wahrgenommen, doch äugt es uns nicht an. Da ich rechts sitze, ist das Heruntergleiten vom Schlitten nicht schwer. Wo ist der nächste Baum? Der Schlitten fährt weiter. Zitternd bin ich im Anschlag. Da reißt es den Keiler herum und in rasender, krachender Flucht strebt er der Dickung zu. Ich fahre ihm nach, Baum, Fadenkreuz, Keiler, Baum...

Der Schuß peitscht durch die Stille.

Am Anschuß finden wir nichts. Weit über hundert Schritte verfolgen wir die Fährte, doch was die innere Stimme im Schuß sagte, verrate ich nicht. Förster Müller kann es nicht glauben. Bin ich doch mit dem Schuß auf das Tier in seinen Augen ein Meisterschütze geworden.

Wieder zurück zum Anschuß. Was uns früher entfallen, ist nun schwarz auf weiß erwiesen. In Meterhöhe sitzt das Geschoß in einer dicken Buche, daß wir uns zunicken müssen. Der ist gefehlt.

Was soll ich weiter erzählen? Wir fahren heim. Über die Täler und Ebenen pfeift ein ständig wachsender Wind. Als wir einbiegen in das Dorf, wird er zum Sturm, der heulend die stechenden Schneekörner vor sich herjagt. Er jagt sie an Bäume, Mulden und Dächer. Er jagt sie an Häusern vorbei, an Menschen und Tieren. Er heult noch weiter als wir im Zug sitzen, der uns der Schule näherbringt. Es folgen Wochen bitterster Unfreiheit und jagdlicher Entsagung, doch jeder Tag bringt uns die Osterferien näher, — die so geliebte Zeit des Schnepfenstriches.

Ungewöhnliche Schüsse

Als der Winter streng und die Temperaturen niedrig wurden, war auch die Zeit der Sau- und Hochwildriegler gekommen. Nach der „Großen Woche" die seit 1940 merklich reduziert worden war, gab es noch da und dort Revierteile, die völlig unbejagt waren. Ein solcher Riegler war auch für heute geplant. Teilnehmer: Großvater, Vater, Bruder Feri und ich. Treiber: Die Jäger Müller, Csákány, Schneider und Zimmermann.

Drei Schlitten klingeln bei eiskaltem Wetter und etwas Wind durch das Horogvölgy. Im ersten, dem Paradeschlitten mit Kutscher János, sitzen Großvater und Vater, im zweiten wir zwei Brüder, im dritten die Csákberényer Heger. Die Pferde dampfen, das duftende Schlittenstroh knistert. Aus dem roten Kutschergesicht quellen Schnapswolken. Es hat sicher —17 Grad, doch Fußsäcke und pelzgefütterte Decken wärmen uns schön. Wir Jungen haben Pelzkappen auf. Vater und Großvater schützen sich mit Ohrklappen.

Der Revierjäger Zimmermann aus Kápolna und Schneider aus Csoka erwarten uns bei der Hütte. Im weichen, etwa 15 cm hohen Schnee werden wir von Revierjäger Josef Müller auf die Stände geleitet. Alles geht völlig ruhig vor sich, keiner spricht. Die übrigen Jäger fahren noch ein Stück, bevor sie den Aufstieg beginnen. Getrieben wird ein großer, tiefer Graben, der nur oben an den Plateaurändern felsige, karstige Stellen hat, sonst dichteste Dickung mit einigen Blößen und alten Alleen.

Der Schnee ist durch den Wind von den Ästen heruntergefegt, von der anderen Seite sieht man in die Dickung hinein, weil am Boden Schnee liegt. Hineinschießen aber dürfte problematisch sein. Feri wird unten im Talboden angestellt, gleich darauf, fast auf der Höhe mit Ausblick auf die andere Seite, ich. Großpapa und Vater sind auf der anderen Seite postiert und übersehen den größten Teil meiner Seite. Die Jäger werden das Tal von oben längsseitig durchtreiben. Die bekannten Wechsel sind abgestellt, Müller geht links herum, den anderen entgegen.

Ich mache es mir auf meinem Stand gemütlich. Den Schnee wegtreten, den stabilen Sitz fest in den Boden rammen, ein Schlückchen aus der Treberflasche, eine Zigarette anzünden, all dies ist bald geschehen. Dann wandern meine Blicke aufmerksam hin und her. Ich übersehe die Stände der alten Herren, fast ihre ganze Lehne, und hinter dem Knick des Grabens, beim Stand des Vaters, auch meine eigene Seite. Sonst habe ich nur Ausschuß auf eine Schneise, die schon arg verwachsen, aber im Schnee übersichtlich ist, und zwei Lichtungen sowie den alten Weg, auf dem ich postiert bin.

Ich höre die Treiber noch nicht, als auf der Seite, gegenüber meinem Vater, von mir ca. 200 m, von ihm 120 m entfernt, ein Fuchs flüchtig erscheint und Richtung auf mich nimmt. Noch habe ich das Gewehr nicht gehoben, als Vaters Kipplaufstutzen knallt und der Fuchs einen regelrechten Purzelbaum schlägt. Nur die Lunte zittert noch. Ein Prachtschuß! Ich hätte mich nicht einmal zu schießen getraut.

Auf den Schuß höre ich es weiter links rumpeln und wende mich dem Stande Großpapas zu. Gerade zur rechten Zeit, denn ich sehe, wie 25 Schritt unter ihm ein offenbar eingelagert gewesenes Hauptschwein hochgeworden ist und in scharfem Troll schräg hinunterstrebt. Hoffentlich sieht Großpapa es und ist es nicht überriegelt! Ich sehe aber den alten Herrn in Anschlag gehen, und Schuß und Kugelschlag sowie eine Schneewolke zeigen an, daß er getroffen hat. Doch was ist das? Der Keiler – denn es ist ein Keiler, das sehe ich jetzt am offenen Gebrech – hat gewendet und stürmt direkt auf Großpapa zu. Dieser hat zwar repetiert und sich etwas nach vorn gebeugt. Er sieht aber den Keiler nicht.

„Obacht, Papa!" ruft mein Vater.

Da erscheint der angeschweißte Basse nur 10 m vor Großpapa etwas unter ihm. Noch ein – zwei Schritte,... und auf 6 m haut es den Wehrhaften vor dem Stand nieder.

Ein kapitaler Keiler, den der erste Schuß an einer besonders schmerzhaften Stelle erwischte, daher nahm er sofort und ohne Zögern an. Der zweite Schuß sitzt neben dem linken Licht.

Im ganzen Trieb ist nur diese eine Sau. Hochwild bricht auf die Schüsse hin zurück, und Vater kann ein Kalb herausschießen. Feri und ich erlegen nichts. Der Fuchs meines Vaters hat scheinbar überhaupt keinen Schuß, nur das Nasenbein ist gebrochen. Der kaum sichtbare Streifschuß hat ihn aber auf der Stelle getötet.

An diesem Tag schieße ich ein Gelttier, und Feri erlegt zwei Überläufer, Großpapa noch einen Frischling und Vater einen dreijährigen Keiler. Gesamtstrecke: 5 Stück Schwarzwild, 2 Stück Hochwild und ein Fuchs. Nun will ich aber von einem weiteren seltsamen Schuß-Erlebnis berichten.

Im selben Jahr zur Schnepfenzeit. Öhlmann, der Oberjäger aus Zámoly, ist nach Csákberény gekommen, um seinen wöchentlichen Rapport zu erstatten. Bei uns sind die ersten Schnepfen schon gefallen, in Zámoly gibt es im Frühjahr keine. Öhlmann begleitet mich heute auf den Strich zum südlichen Teil der großen Mais am Nyáriállás. Noch liegt etwas grauer Schnee, und die gelben, langen Bürstengräser liegen zusammengedrückt in den Mulden. Die Abendluft hat Erdgeruch, und laue Winde jagen die kalten. Der Winter weicht. Peter Öhlmann, der bärtige, noch nicht allzu alte Oberjäger, hat im Schloßkeller die Weine ein wenig gekostet. Er geht so beschwingt, daß ich ihm kaum folgen kann. Sein Rauhhaar-Rüde, alt und bewährt, aber etwas lädiert, hinkt hinterher.

Am unteren Zaun, nicht weit vom alten Einsprung entfernt, bleibt Peter bácsi stehen. Ich gehe zweihundert Schritte weiter zur Mitte der Dickung, wo auf einer leidlich großen Lichtung ein alter Hochstand steht.

Nach etwa 10 Minuten wird es feierlich. Ich stehe, meine alte 16-er-Steyr-Hahnflinte mit englischem Schaft – die beste

Schnepfenflinte — in den Händen, und lasse mir nichts entgehen. Bald gaukelt langsam und nicht allzu hoch der erste Schnepf direkt auf mich zu, und ich erlege ihn ohne Schwierigkeiten. Ich sehe bald darauf einen gegen Öhlmann streichen, dann ist ein schneller Doppelschuß zu hören. Nun wird es finster. Ich habe meinen Schnepf sofort geholt und gehe überglücklich zu Öhlmann. Nun, dieser ist mehr als aufgeregt. Zwei Schnepfen hat ihm sein Thyras gebracht. Und das ging folgendermaßen zu, wobei ich Peter zitiere:

„Es waren noch nicht drei Minuten nach Ihrem Schuß, ich spähe aufmerksam in Ihre Richtung, als in mäßiger Höhe, eher schnell, ein Schnepf ankommt. Auf den ersten Schuß fehle ich ihn, er taucht in die Dunkelheit, und ich werfe den zweiten Schuß mit gutem Gefühl nach. Der Hund stürmt sofort los. Er bringt mir zuerst den einen, laßt sich abliebeln, verschwindet wieder und bringt mir noch einen! Wie ist das wohl zugegangen? Da der Schnepf noch warm ist, also gerade erst erlegt, kann es nur so zugegangen sein, daß ein zweiter am Boden war und durch ein Schrotkorn getroffen wurde (der zweite war geflügelt). Oder (noch unwahrscheinlicher): einer im Dunkeln gerade dort vorbeistrich, wohin sich der erste fallen ließ, und ich zum zweitenmal hinschoß. Die dritte Version scheint auch ungewöhnlich, daß nämlich ein geflügelter Schnepf dort lag und vom Hund gebracht wurde. Erstens hat dort heuer niemand auf Schnepfen geschossen, und zweitens ist der Schwingenschuß frisch, nicht vereitert also „von jetzt". —

Soweit Öhlmann. Auch ich kann mir diese zwei Schnepfen auf einen Schuß bis heute nicht erklären, aber er behauptet, auf den ersten Schuß daneben geschossen zu haben. Oder irrte er da? Die Sache blieb ein seltsames Rätsel!

Oft wurde ich an diese Begebenheit erinnert, da die beiden Schnepfenköpfe auf ein Brett montiert in Öhlmanns nach Schimmel und sauren Gurken riechender guter Stube hingen, bis das Jägerhaus während der Kämpfe völlig ausgeplündert wurde.

Die entführten Purdey's

Die jagdlose Zeit in Csákberény war kurz und dauerte höchstens zwei Wochen. Den ganzen Februar hindurch mußte Hochwild abgeschossen werden, einzelne Sauriegler waren am Programm und dreimal konnten wir Füchse sprengen. Mein Vater hatte mich zweimal auf die „Marder-Hatz" mitgenommen und auch die Uhu-Hütten wurden nicht vernachlässigt. Wirkliche Schonzeit herrschte eigentlich nur Anfang März, bis die ersten Langschnäbel eintrafen.

Der Winter verschanzte sich in den Tälern, doch die warme Märzsonne bekämpfte ihn wacker. Leider fiel fast jeden Tag Regen oder Schnee, so daß er immer wieder „hoffen" konnte. Mit meinen dreizehn Jahren – ein Jahr vor meiner Verbannung ins Pensionat – erwartete ich ungeduldig den Frühling.

Noch war es kalt und der Schnee in den Tälern schmutzig. Die Pappeln im Park bogen sich unter dem Sturm und das sonst völlig versiegende Bächlein im Obstgarten führte Hochwasser. Noch waren keine Zugvögel außer den Ringeltauben angekommen, aber auch diese hielten sich nicht, nach einigen Tagen waren sie verschwunden.

Es roch nach Erde, Baumrinde, faulem Gras und Dünger. Abwechselnd kamen kalte und lauwarme Luftströmungen, da und dort blühte der Crocus, und die Schwestern pflückten im Papirtás Schneeglöckchen.

Jeden Tag hielt ich Ausschau nach den Bachstelzen, aber sie kamen nicht, ließen sich Zeit. Nur die Amseln sangen, als gebe es überhaupt keinen Winter, und auf den Feldern sonnten sich die Rehe. Die gesamte Jägerschaft ging fleißig auf den Schnepfenstrich, doch erst am Josefi-Tag brachte der glückliche Revierjäger Beke den ersten in die Küche, wofür er von Köchin Zsofi einen (etwas falschen) Kuß, von Vater aber den verdienten Preis erhielt. Nach dem ersten wurde bald der zweite und der dritte eingeliefert, und längst war ein Telegramm nach Graz zum Großvater gegangen.

Trotz des Telegramms war Großpapa unerwartet gekommen, denn er war schon in Ungarn, als es abgeschickt wurde. Er kam am 22. März von Ikrény angereist. Gemütlich saßen wir in der Halle beim Tee, der alte Herr rauchte seine meterlange Pfeife, die noch von Rudolf Lamberg* stammte und ein Museumsstück des Hauses war. Einige Schluck Trebergeist auf das frische Ungarbrot; man las die Zeitung, prüfte den Wetterbericht und sprach vom vergangenen Winter. Großvater erzählte vom Fasching, von der „toten Saison" in Graz, von mancher Veränderung, die das Jahr 1938 gebracht hatte. Wir horchten gespannt und dachten an den kommenden Abend. Langsam wurde es Zeit. Ferenc bestellte den Wagen. Großpapa fragte nach seinem Diener. Emil Holubar, der langjährige Leibjäger und treue böhmische „Vasall" der Exzellenz, war unauffindbar. Das allein war nicht so tragisch zu nehmen, er wußte ja nichts von Großpapas frühzeitiger Ankunft, doch er verwahrte den Schlüssel zum privaten Gewehrschrank Großpapas, wo die zwei Purdeys, die drei Springer und die beiden Schönauer versperrt waren. Das war schon etwas peinlicher, doch sagte Großpapa vorerst nichts, und mein Vater gab ihm eine seiner Zwanzigerflinten. Der Wagen fuhr vor, und schon rollten wir dem Wald entgegen, Richtung Nyáriállás, zur großen Allee. Am Bock saß mein Bruder Feri, auf der kleinen Klappbank saß ich vor Vater und Großpapa. Die Pferde flogen nur so dahin, daß es eine Freude war. Als wir ausstiegen und längs der Allee Aufstellung nahmen, sahen wir die Spuren von einigen Männern, die die Allee entlang nach Süden gegangen waren. Da aber parallel mit dem Fahrweg, auf dem wir gekommen waren, ein öffentlicher Weg lief, gaben wir der Sache keine weitere

* Rudolf Lamberg, geb. 1802, der Erbauer des Schlosses Csákberény.

Bedeutung. – Und es kam der Abend. Die Dunkelheit fiel ein, so langsam, wie die menschlichen Töne den Lauten der Natur wichen, fern im Dorf blökten die heimkehrenden Herden, und der kanász (Schweinehirt) blies in sein Horn, daß es schaurig-komisch in den Dickungen hallte. Da und dort fuhr ein einsamer Wagen vorüber, dann wurde es mit einem Mal ruhig auf der Straße, und still lauschten wir dem Leben im Wald. Eine Amsel wollte offenbar keine Ruhe finden. Laut zeternd flog sie hinter mir in den Ästen herum, mehr als einmal meine andächtige Lethargie störend. Auch ein Schmetterling hielt mich zum Narren und ein Hase hoppelte vertraut auf der Allee umher. Da – es war schon die Zeit, wo man auf jeden Ton achtet – kam plötzlich lautlos, aber seltsamerweise im Balzflug, ein Schnepf. Damals noch recht ungeübt, machte ich früh eine heftige Bewegung mit der Flinte, der Schnepf flog im weichen Tauchflug nach links vor mir hinunter und tief über dem Boden Großpapa entgegen. Doch auch er konnte nicht schießen. Auf einmal – es mochten sicher 300 Meter sein – zwei Schüsse und schnell darauf noch zwei. Wer kann das nur gewesen sein, schoß es mir ins Hirn, und schon hatte es Großpapa in kräftiger Form ausgesprochen. Doch nicht viel Zeit blieb zum Nachdenken. Psewitt, quorr, ssivitt, immer näher ... da sehe ich zwei rechts von mir, direkt meinem Vater zustreichen, niedrig und schnell. Ein Schuß, der erste fällt, der zweite biegt erschrocken gegen mich, zweimal schieße ich, doch weit hinten liegt die Garbe. Der Schnepf streicht steil nach einer unnachahmlich graziösen Wendung nach links, um auf den Schnappschuß Großpapas herunterzufallen. Ein wahrer Meisterschuß mit dem kleinen Zwanziger! Unten schießen die Unbekannten noch einige Male und auch Großpapa macht noch einen Schuß. Dann läßt die Kanonade den alten Herrn nicht mehr ruhen. Noch ist etwas Schußlicht gegen Westen, aber ich sehe, wie er seinen Stand verläßt, herumsucht und die Allee hinunterschreitet. Den einen Schnepf, der mitten auf der Schneise gefallen war, hat er gefunden.

Auf einmal, in einiger Entfernung, höre ich Großvaters zornige, laute Stimme. Während der Wagen knatternd den Steinweg heranrollt, eilen auch wir dem Tatort zu. Ich werde den tragikomischen Anblick mein Leben lang nicht vergessen. Emil Holubar steht da, mit Armesünder-Miene, daneben seine zwei Kumpanen, käsebleich — der Ältere hält eine Flinte Großpapas in den Händen, während der zweite Purdey an einem schmalen Baum lehnt, offenbar hatten die Helden sie im letzten Moment verstecken wollen. Aber das Ungewitter hatte sich bereits entladen. Der Leibjäger hatte in der Ansicht, daß sein Chef erst einige Tage später nachkommt, die beiden Söhne des Oberförsters zum Schnepfenstrich geladen und dabei die Gewehre, die „geheiligten" Großpapas, die niemand, auch Vater nicht, benützen durfte, entführt. — „Habt Ihr wenigstens etwas geschossen?" fragte Großpapa um eine Nuance milder. — „Nein Exzellenz, junge Leute können mit Purrdäj nix umgehen, Schaft ist zu lang, Lauf ist zu schwer, seind ja Anfänger. Ich wollt nur Spezialpatron von Bradler ausprobieren." — „Ein zweites Mal passiert mir das nicht, verstanden!?" — „Ehrenwort Ex'lenz, wird sich nimols mer vorkommen ..." Damit war die Angelegenheit erledigt, die drei Sünder konnten abtreten. Wir suchten noch Großpapas zweiten Schnepf und fanden ihn auch. Dann ging es befriedigt heimwärts. Im Wagen wir, die Schnepfen und die erbeuteten Purdeys. Hinterher zu Fuß und zerknirscht Emil mit den zwei Komplicen.

Es war das letzte Mal, daß Großvater im Frühjahr bei uns war. Die Purdeys kamen in den Kasten, der Schlüssel zum Kasten in die Tasche meines Vaters. Wir kamen ins Pensionat. Emil starb drei Jahre später, und zehn Jahre darauf war das Haus samt Kasten und Purdeys den Weg alles Irdischen gegangen.

Ein Sommertag

Wie Gulliver unter den Zwergen, so stand inmitten von niedlichen, strohbedeckten Bauernhäusern, alles überragend, gelb und efeubewachsen, die Zierde des Dorfes Csákberény, das Kastell. Aus einem Meer von Fliederbüschen, Rosenbeeten und alten Bäumen hob sich der weiße Schotter des Hofes und der Parkwege wohltuend ab. Dazwischen waren große Wiesen, mehr oder minder gepflegt, denn wo es sechs Kinder gibt, regieren Sport und das Spiel, und Fußballschlachten haben noch nie zur Verschönerung englischer Rasenanlagen beigetragen. Die großen Ferien ließen mich die Marter des Pensionates vergessen (in der Jugend dauert ein Monat länger als später drei Jahre), und ein herrlicher wolkenloser Tag im ungarischen Sommer war für den fünfzehneinhalbjährigen Jungjäger voll aufregender Herrlichkeiten.

Am Vormittag hatten meine Brüder und ich am Schießstand die Kleinkalibergewehre eingeschossen und ein wenig trainiert, denn in zwei Wochen sollte das Jägerschießen stattfinden, einer der Höhepunkte des Sommers für uns und die Jägerei.

Gleich nach dem Essen waren Feri und ich zum Teich „öregto" aufgebrochen, denn für den sonntäglichen Mittagstisch — zu dem eine Wagenladung von Tanten aus Mor erwartet wurde — sollte es Turteltaubenbraten geben. Der öregto, zu deutsch „alter Teich", lag zwei Kilometer südlich der Ortschaft. Hierher kamen an warmen und trockenen Spätsommertagen etliche Turteltauben, um zu wassern. Ringeltauben hatten wir fast keine, die wenigen wurden damals geschont, ebenso die Hohltauben. Aber die kleine, behende Turteltaube gab es in erträglichen Mengen, und so wurde ab und zu eine Anzahl für die Tafel geschossen. – Auch heute hatte ich meine alte Hahn-Sechzehnerflinte Marke „Steyr" bei mir, Feri schoß mit einer zwanziger „Springer" meines Vaters. Um halb fünf Uhr waren wir mit vierzehn Tauben in der Küche. Mit Heißhunger noch schnell eine Jause einverleibt, die verschmutzten Sachen aus-, dunkle Joppe, Lederhose angezogen, Jagdglas und Büchse an sich genommen, und um fünf waren die Wägen vorgefahren.

Vater und Feri fuhren mit Kutscher János, den beiden Juckern „Hegyes" und „Vértes" auf dem hohen Jagdwagen in Richtung Zámolyer Grenze, ich war mit der Kalesche, Kutscher Antal und den Pferden „Szárcsa" und „Kedves" in Richtung Horogvölgy unterwegs. Mein Vater hatte mich auf eine Wagenpirsch geschickt, nicht auf den Ansitz. Ich sollte womöglich viel Rehwild in Anblick bekommen, – dies war mit dem Pferdewagen auf sandigen Waldstraßen fahrend nicht schwer, – und ohne Begleitjäger selber ansprechen, aussuchen, mit einem Wort: lernen. Natürlich hatte ich schon eine strenge und lange Schulung hinter mir. Als Begleitung von Großpapa und Vater waren wir schon seit unserem sechsten Lebensjahr unterwegs gewesen. Mein erster Rehbock war vor zwei Jahren gefallen, seitdem hatte ich schon weitere sechs erlegt. Nun galt es, womöglich einen alten, zurückgesetzten Bock zu schießen; ein junger war nur im Falle ausgesprochen schlechter Veranlagung erlaubt. Wirklich starke Böcke waren damals für mich noch verboten. Langsam fuhren wir über die Nyáriállás in Richtung Osten.

Würzig und warm schlug uns der Duft des großen Eichenwaldes entgegen, schattig düster und etwas feucht

---

Bild oben: Die gemütliche Halle des Schlosses Csákberény (sogar an der Decke hingen Hirschgeweihe!).

Bild unten: Das berühmte Speisezimmer in unserem Schloß, dessen Wände vom Vorgänger meines Vaters, dem hervorragenden Jagdmaler Franz Lamberg, bemalt waren.

Diesen starken Hirsch (Rucksetzer) von geraden 10 Enden, hat Hr. Grf. Geiza Festet.
auf der Grf. Rud. Lamberg'schen Herrschaft Csákbereny, Revier Csákbereny, im
Patráczas-Völgy geschossen, am 26ten Sept. 1859. Hat gewogen 345 ℔ mit 275
ohne Aufbruch.

empfing uns der Buchenwald. Hirschkäfer krochen auf borkigen Ästen, Hornissen summten, Tauben gurrten, bunte Schmetterlinge gaukelten. Eine Anzahl von Rehen hatte ich schon angesprochen. Da hielt der Wagen. Antals Peitschenspitze zeigte nach rechts. Aus dem üppigen Farnkraut ragte das Haupt eines Bockes. Ich sah nur das Gesicht und die engen Stangen, keinen Träger, keine Gestalt. Der Bock stand auf achtzig Schritt und rührte sich nicht. Die Pferde waren unruhig, weil viele Gelsen in jener Gegend vorkommen, der Bock hielt aus. Nach dem Ausdruck und der Färbung des Hauptes war das kein junger Bock. Ich glitt aus dem Wagen, und während dieser weiterfuhr, robbte ich hinter eine der Eichen, die am Rande des Grabens standen.

Von hier aus hatte ich, in gleicher Höhe etwa wie aus dem Wagen, einen leidlich guten Ausblick. Antal fuhr weiter, das Haupt des Bockes drehte sich mehr auf die Seite, weil er dem Wagen nachäugte. Das Haupt schien kurz und gedrungen. Da ... war das nicht eine dritte Stange? Wahrhaftig: Ungefähr bis zur Hälfte der Höhe der linken Stange, einer Gablerstange, ragte ein Spieß. Ein Abnormer! Das Ende des Spießes schien dunkel und von krankhafter Art. Aber noch immer sah ich die Gestalt nicht. Ganz langsam kroch ich um den Eichenstamm, und in guter Deckung eines alten Baumstockes setzte ich mich. Der Kipplaufstutzen lag quer über den Knien, das Glas hatte ich vor den Augen. Wenn ich heute zurückdenke, so glaube ich, mit der jetzigen Erfahrung wäre die Sache klar gewesen. Aber damals war ich sehr vorsichtig, und mein Vater war streng. Mein Ehrgeiz verbot es mir, ein Risiko einzugehen. So blieb ich fast immer mit dem Trieder an den Augen eine geschlagene Stunde unter der Eiche, und ob man es mir glaubt oder nicht, der Bock machte kaum einen Schritt vorwärts. Ab und zu äste er, manchmal verhoffte er, aber im großen und ganzen blieb

Eines der Bilder von Franz Lamberg, wie sie zu Dutzenden im Csákberényer Schloß hingen.

er verdeckt und unbeweglich. Endlich: Es war zehn Minuten nach sieben Uhr, trollte der Bock ohne Anlaß aus dem Farn in den Hochwald und wurde immer schneller. Nun hatte ich ihn aber genau angesprochen, er hatte einen dicken Träger, war dunkelrot und besonders stark im Wildpret. Das Fadenkreuz der alten 6,5 mal 52 R folgte ihm, so gut es ging. Der Bock hielt schräg nach links gegen den Fahrweg. Da hieß es rasch handeln. Bevor er etwa 30 Meter vom Straßenrand entfernt war, schreckte ich ihn an. Wie aus Erz gegossen verhoffte der Bock, doch war die Stelle hinter dem Blatt verdeckt. Die Lichter hatten jenen argwöhnischen Ausdruck, der alten Böcken knapp vor dem Abspringen eigen ist. Ich hielt auf etwa 60 Schritt auf den Halsansatz und ließ fliegen. Im Feuer warf es den Bock in das gelbliche Gras.

Es war ein ca. neunjähriger abnormer Sechser, die Kugel saß etwas hoch, doch hatte sie den Halswirbel zerschmettert. Andächtig hielt ich dem Bock die Totenwacht, während Antal mit dem Wagen nahe heranfuhr. Das Aufbrechen konnte ich damals schon gut. Den Bruch reichte mir der alte Kutscher und Freund.

Was gibt es da noch zu schreiben? In schnellem Trab flogen die braven Pferde mit uns dem heimischen Stall entgegen. Auf der Geraden vor dem Schloß staubte die Straße, vor der Brücke stoppte der Wagen, dann rumpelten die Räder, und in der Kehre vor der Einfahrt knirschte der Kies. Mit klappernden Hufen hielt die Kalesche zentimetergenau vor der Einfahrt. Ich war der erste „Heimkehrer". Meine Schwestern spielten noch Tennis, die Abendluft war staubig, und vom Dorfplatz hörte man das Grunzen heimkehrender Schweine.

Stolz und Zufriedenheit erfüllten mich, das tiefe, unvergleichliche Glück eines jungen Waidmannes, der sein Bestes getan hat. Lange blieb ich bei meinem Bock, bis alle ihn bestaunten und Pferdegetrappel und Wagenrollen von weitem die Ankunft meines Vaters verhießen. Dann läuteten die Glocken zum Angelus ... Der Tag ging seinem Ende zu.

Seitdem sind über dreißig Jahre vergangen. Unser altes

Schloß, der Stolz von Csákberény, existiert nicht mehr. Dort, wo es stand, spielen die Dorfkinder, nur die Kastanien rauschen wie eh und je. Ob ich Heimweh habe? Mein Gott, es ist so viel Zeit vergangen, die Tränen vertrocknen, die Wunden vernarben.

Die Buchen und Eichen des Waldes, die Blumen der Felder, der Duft des Farnkrautes, die Farbe des Weinlaubes, der Wind über den Hügeln, die Zieseln auf der Weide, sie sind wohl die gleichen geblieben.

Wenn irgendwo in der Welt seitdem der Ton heller Kirchenglocken mein lauschendes Ohr erreicht, wenn er über die Täler, Berge und Felder fliegt, von weitem kommt, um sich in der Unendlichkeit zu verlieren, dann ist es mir, als wäre ich zu Hause, wo immer noch die gleiche Sonne scheint.

Der Brillenbock

Sommerliche Treibhausschwüle zittert über den Stoppelfeldern. Die Pappeln rascheln leise, alles Getier hat sich in kühlenden Schatten zurückgezogen. Die Brunft ist seit Tagen im Gange und auf dem Bridgetisch in der Halle reiht sich eine Anzahl stattlicher Rehgehörne.

Heute hat Vater viel zu tun und kann sich erst nach 11 Uhr freimachen. Während die anderen Familienmitglieder nach Szentgyörgy baden gefahren sind, habe ich zu Hause ausgeharrt und warte auf Vaters Signal. Eben ist Förster Müller mit einer dicken Aktenmappe beim „Chef", aber Rentmeister Tükör hat auch noch etwas vorzutragen. Die Zeit vergeht viel zu langsam für die Passion eines Halbwüchsigen. Dazwischen das Gebell von Foxl Lumpi, die schrillen Stimmen älterer Tanten, die sich schon wochenlang im sorgenfreien Ungarn bei geselligem Schloßleben ergehen, unterdrückte Hitzeflüche dienstbarer Geister — und meine Ungeduld: wann geht es endlich los? Ich warte und grüble.

Vorgestern beim Nachhausefahren, ganz am Waldrand unter dem Strázsahegy, haben wir einen ganz alten Rehbock gesehen. Er hatte uns gleich weg und flüchtete, bevor mein Vater ihn richtig ansprechen konnte, sich aber schon fast zum Schießen entschloß, hinter der Gais in die niedrige Dickung. Eng und dick war seine Krone, das hatte ich gesehen, und ein eisgraues Gesicht hatte er obendrein mit weithin sichtbaren Ringen um die Lichter. Seine Farbe war dunkelrot gewesen, der Träger nicht allzu dick, aber irgendwie steif. Ich hätte schon früher geschossen, denke ich, aber ausgesprochen habe ich es nicht. In diesem Alter ist das Selbstbewußtsein nicht besonders gering.

Nun ist Tükör in der Kanzlei, Müllers aufgedunsenes Gesicht unter dem weißblonden Haar nickt mir zufrieden zu, unten höre ich den Komondor Pajtás knurren. Da läutet das Telefon: Förster Maurer läßt fragen, wann wir ins Revier Kápolna kommen, um die Hütte allein treiben drei gute Böcke...

Nun muß es aber endlich losgehen. Die Hahn-Kipplaufbüchse 6,5 × 52 R und eine angebrochene Schachtel RWS-Patronen mit dem Firmenstempel „Bradler Graz" habe ich auf dem Billardtisch bereitgelegt. Ich selbst sitze auf ihm und lasse die Beine herabbaumeln.

Als sich die hohe Flügeltür der Kanzlei öffnet, kommen Vater und Tükör gleichzeitig heraus. Schnell wird der Förster Maurer benachrichtigt, und schon gehen wir beide mit langen Schritten zum hinteren Gartentor.

Obgleich es seit dem frühen Morgen fast wolkenlos war, zeigen sich jetzt über dem Csoka-Berg doch graublaue Wolkentürme, die mit ihren pilzartigen Spitzen auf Csákberény herabschauen.

Als wir durch den Obstgarten gehen, gesellen sich die Hunde Pajtás und Lumpi zu uns. Schnell werden sie in Tischler Brunos Werkstätte eingesperrt, die können wir jetzt nicht brauchen.

Von der gelblichen, verbrannten Hutweide zurückschauend, sehe ich im Westen die ersten Blitze zucken. Bald sind wir aber am Waldrand. Da der Wind vom Südwesten her zieht — er ist ohnehin ganz schwach —, gehen wir etwa einen Kilometer am „Roten Weg" Richtung Csalitos, um dann von innen heraus gegen die Kövesvölgy entlang des oberen Strázsahegy zu blatten. Es ist Mittagszeit, eine der beliebtesten Blattzeiten meines Vaters. Dazu: klassisch schwül und trocken. Laub und verdorrtes Unkraut knistern. Die Birschsteige sind aber tadellos geputzt.

Beim Sechser-Stand des Strázsahegy-Triebes blatten wir das erste Mal. Nichts rührt sich trotz aller Kunst. Nach dem letzten Fiepton sitzen wir noch fünf Minuten. Die Sonne ist verschwunden und drohend grollt es vom Westen herüber.

Es scheint, daß das Hauptgewitter westlich vorbeizieht, aber etwas werden wir schon abbekommen. Nun ist es ganz windstill und schwül. Eine Gais springt ab, als wir am Plateau des Strazsahegy unseren nächsten Platz aufsuchen. Die ersten Tropfen fallen, als wir auch hier erfolglos aufbrechen. Drunten im Dorf scheint es schon stark zu regnen, die wenigen Blitze scheinen nicht sehr weit einzuschlagen. Mir ist äußerst ungemütlich zumute, ich liebe die Gewitter nicht sonderlich, wenn man auf einem Berg ist und Büchse und andere Metallgegenstände bei sich führt.

Vater meint, daß es jetzt gut werden kann. Wir sind mit wenigen Schritten bei einer alten Köhlerhütte. Sie ist halb zerfallen, aber immerhin mit einem Dach versehen. Die Tür fehlt, es tröpfelt herein. Der Wind kommt auf, und schon hört man den Gußregen näher kommen. Von allen Seiten rinnt das Wasser in die Hütte, nur in einer Ecke sind wir halbwegs geschützt. Zudem ist es merklich kühler geworden, doch die Blitze zucken jetzt schon weiter nördlicher. Und plötzlich ist die Sonne wieder durch.

Es ist Mittag, und die Erde war brennheiß. Dunst steigt auf, tausende Tröpfchen glitzern, irgendwo gurrt ein Tauber.

Gleich neben der Hütte, unter der alten Eiche probieren wir es. Auf 300 Meter von hier haben wir vorgestern den alten Bock gesehen. Ganz am Rand ist die Dickung, offenbar sein Einstand. Es tropft und tropft, während Vater die zartesten Töne gekonnt erklingen läßt. Nichts rührt sich. Eine Pause wird eingelegt. Meine Lederhose ist zwar alt, aber dicht, anders der grüne Leinenjanker, der von einer Wasserundurchlässigkeit nichts merken läßt. Aber die Abkühlung ist angenehm.

Nun versucht Vater den Sprengfiep. Ganz selten nur, dazwischen den Ruf einer Schmalgais. Unten im Tal fährt ein Forstwagen vorbei. Die Mittagsglocken sind längst verklungen. Plötzlich, ich weiß nicht, warum ich dort hinschauen mußte, rechts hinter uns sehe ich eine Bewegung. Es ist hinter der jungen Buche, ganz verdeckt von Brennesseln und Ästen:

zwei Läufe, dünn und von der Sonne beschienen, der eine Lauf wird jetzt etwas gehoben. Und nun sehe ich es. Über dem dichten, schon braunen Laubfleck ein eisgraues Gesicht. Vater hat seine Brille gerade in Händen — er erwartet nichts mehr, wir sind ja schon länger als eine Viertelstunde hier — und putzt sie mit dem grünen Taschentuch. Sie scheint naß zu sein oder angelaufen.

Ich hauche: „Hinten rechts ... der Alte."

Die Situation ist nun folgende: Vater hat den Ruf im Mund, die Brille in den Händen und den Stutzen auf den Knien. Er müßte sich dazu noch nach rechts zurückdrehen, eine schwierige Sache. Der Bock hat uns schon irgendwie weg, obgleich wir uns nicht rühren und der Wind gut ist.

Zentimeter um Zentimeter hebt Vater die Hand mit der Brille. Sein Oberkörper und seine Beine bewegen sich im Zeitlupentempo. Die Brille ist in Nasenhöhe, als der Bock zu schrecken anfängt, zwei drei Fluchten macht, verhofft, wieder schreckt, dabei komische Sprünge aufführt. Nun ist Vater aber schon im Anschlag, aber der Alte hat die Bewegung gesehen. Eine Flucht nach links. Vater fiept ihn an, und zwischen den zwei krummen Karsteichen verhofft der Bock. Deutlich sehe ich seine „Brille".

Da spricht der Stutzen, und mit allen vier Läufen hebt es den Bock in die Höhe, dann ist er hinter dem Riegel verschwunden.

„Waidmannsheil!" sage ich aufatmend, dann sehe ich in Vaters Gesicht. Die Brille ist herunten, ihr Bügel gebrochen, ober der Nasenwurzel hat Vater eine kleine blutende Schramme. Er hatte die Brille in der Eile nur halb aufsetzen können und das übrige besorgte das Fernrohr.

Wir warten ganze 10 Minuten, so lange wie der Genuß einer „Symphonia"-Zigarette dauert. Dann sind wir am Anschuß. Schon sehe ich lichten Schweiß, und unter dem Schlehdornbusch, das Haupt uns zugewandt und auf dem Einschuß liegend, der kapitale Alte, der heimliche vom Strázsahegy.

Mächtige Dachrosen, dicke, hohe Gablerstangen, viele Perlen und das schneeweiße Gesicht mit den zwei Ringen. Ein „doppelter Brillenbock"!

Während ich Vater den Bruch überreiche, den Bock versorge und verschnüre, erklingt plötzlich fröhlicher zweistimmiger Hundelaut. Pajtas und Lumpi sind angekommen! Aus der Tischlerwerkstatt befreit, folgten sie unserer Fährte. Wären sie 15 Minuten früher gekommen – nicht auszudenken! Aber wir sind doch gar nicht weit von zu Hause, so weit haben sie uns schon oft auf Spaziergängen begleitet.

Nun ist der Bock im Rucksack, wir gehen. Von weitem glänzen die Hügel und Felder, gierig saugt der ausgetrocknete Boden das viele Wasser, Bussarde kreisen, Tauben gurren, als wär's nicht Mittag, sondern schon Abend.

Beim Essen aber, das wir diesmal in der Küche und ohne Tanten einnehmen, besprechen wir bei Schafbraten und Csokaer Rotwein noch einmal unser Erlebnis. Und bis der Csákberényer Uhrmacher die Brille repariert, ist auch das Haupt des Bockes ausgekocht!

Er bekommt einen Ehrenplatz, unser Brillenbock.

Der Starke von Székelyhid

Über den Feldern von Székelyhid brütet unbeschreibliche Hitze. In der nach Stroh riechenden Luft wirbelt der gelbe Staub faulige Düfte vom nahen Sumpf heran. Weit im Osten rumort ein Wetter, doch außer kleinen Böen und bizarren Wolkentürmen unterbricht nur die Stille den Sommer. Vor drei Tagen war ich hier angekommen, das erste Mal in meinem Leben. Jahrelang war der Besitz meines Onkels Josef Stubenberg „Ausland", und erst seit drei Jahren gehört er wieder zu Ungarn, wie vor 1920, tausend Jahre hindurch. Das rein ungarische Dorf unterscheidet sich nur wenig von anderen Dörfern Ostungarns, es liegt ja auch nicht allzuweit von der früheren Grenze und gehört eigentlich noch nicht zum Széklerland.

Es ist der 8. August 1943. Fern noch die Front, unbekannt die Zukunft. Obgleich seit vier Jahren Weltkrieg herrscht, ist es so friedlich im Lande, wie man es später nur aus Erzählungen kennt. Die Ferien sind für den noch nicht Siebzehnjährigen, der ich bin, unendlich lang, und weit, weit ist noch ihr Ende. Zwei Tage lang hat mir Josef sein Revier gezeigt, die Grenzen erklärt und im Sumpf mit mir ein wenig Enten gejagt. Heute soll ich allein auf die Pirsch gehen, im Revier Ráduj blatten. Schießen kann ich jeden Bock, der mir stark genug erscheint. Und in Ráduj soll ein ganz starker stehen.

Um 3.30 Uhr steht der Jagdwagen bereit. Mein Bruder Feri bekommt das linke von der Straße gelegene Revier zugeteilt, ich gehe nach rechts. Den Wagen bestellen wir für 7.30 Uhr zum Jägerhaus. Dann geht's mit Weidmannsheil und sorglosem Optimismus los.

Langsam pirsche ich auf einem verwachsenen Fahrweg in den Bestand. Mannshohe Brennesseln, schilfiges Gras, Dickicht und verwachsene Schläge. Kein leichtes Revier, das sehe ich. Die Luft ist erfüllt vom Geschrei zahlloser Milane, Kolkraben rufen, Reiher erheben sich. Der sonst sumpfige Wald ist durch die andauernde Hitze fast ausgetrocknet, tiefe Risse sind im Boden, wo früher Wasser war, nur in der Mitte der Tümpel gärt grünfauler Moder. Nur manchmal kreuzen kleine Bäche oder Kanäle meinen Weg, daraus erheben sich Enten und anderes Wasserwild.

Und die Gelsen? Ihr monotoner, blutgieriger Gesang ist fast lauter als das Geschrei der verschiedenen Raubvögel, ihr Stich ist schmerzhafter als woanders, die Stelle schwillt sofort an. Aber all dies kümmert mich heute wenig, gilt doch meine Pirsch dem starken, kaum gesehenen alten Rádujer Bock, auf ihn soll ich blatten. Genau untersuche ich den Wind. Damals schon — oder „noch" — gemäßigter Raucher, stelle ich fest, daß er beständig von Süden weht. Das ist gut, denn ich pirsche gegen Süden. Auf einer Alleekreuzung stelle ich mich hinter eine Birke und warte einmal eine Viertelstunde, ob sich etwas zeigt.

So still es zu Mittag im Dorf war, so laut ist es hier im Wald. Gesegnetes Land, wo es so viele Raubvögel, so viele Reiher, so viele Tauben gibt. Und alle lärmen durcheinander, dazwischen hört man die Pirole, Blauracken und Spechte kaum. Wie wird mich hier ein Bock hören, wenn ich selber den leisen Ton meines Weichselholzrufes kaum vernehme?

Schon nach der zweiten Fiep-Serie, die ich ohne viel Scheu so laut wie möglich von mir gebe, steht mitten auf der Allee ein mittlerer Bock und äugt mich an. Leicht könnte ich ihn schießen, sehr zurückhaltend ist man in diesem Alter ja auch nicht, aber ich halte mich eisern. Ohne wirklich vergrämt zu sein, wechselt der Bock mit dem glatten, lichten Gehörn in den Hochwald. Natürlich verschwindet er sofort, denn auch ein Hirsch würde in diesem dichten Unterwuchs völlig unsichtbar werden.

Es ist 5.30 Uhr, als ich weitergehe. Nach der Kreuzung pirsche ich nach links wieder auf der Allee entlang, bis ich zu einem Hohlweg komme. Dieser führt in eine Dickung und ist selbst verwachsen. Ausschuß wäre nur auf der Allee. Vor mir ist der Hochwald. Nach längerem Warten versuche ich es. Dieser Platz scheint mir besonders laut zu sein, vielleicht ist es ein Lieblingsplatz der Roten Milane, denn in nächster Schrotschußdistanz umkreisen sie mich und schreien und schimpfen auf mich herab. Oder ist das nur eine Nachmittagsidylle, alltägliche Geräuschkulisse im Revier? Vorerst sehe ich nichts.

Da der Lärm der befiederten Waldbewohner anschwillt, versuche ich es mit dem Sprengfiep. Sofort raschelt es neben mir. Ein junger Gabler will mich fast überrennen. Als er mich bemerkt und ein-, zweimal schreckend über den Hohlweg setzt, schmettere ich ihm das Geschrei nach. Es kann nicht schaden, wenn das Schrecken mit einer internen Rehangelegenheit in Zusammenhang gebracht wird. Die anderen Rehe sollen nicht an einen Menschen denken, besonders, weil ja hier irgendwo der starke Bock sein Zuhause hat. Doch statt der erhofften Beruhigung, kommt ein weiterer Bock auf die Allee, gar kein schlechter, und zieht, Haupt am Boden, gegen mich. Mit freiem Auge erkenne ich den jüngeren, gut veranlagten Bock. Weit ausgelegte, dunkle, geperlte Sechserstangen, gute Rosen. Nicht älter als dreijährig. Auch er verschwindet im Unterwuchs.

Ich kann nicht leugnen, daß ich ein wenig nervös werde, der Verzicht in diesem Alter ist keine kleine Überwindung und nimmt einen schon her. Doch Zähigkeit ist angeboren, und noch ist es nicht zu spät: Vielleicht ... !

Weiter ziehe ich auf lautlosen Sohlen die Allee entlang. Der Hochwald begleitet mich rechts noch immer, doch die Dickung verläßt mich, und es erscheint ein Schlag, wo ich es noch einmal versuchen will. Aber welch ein Schlag! Meterhohes welkes Gras, halbverwelkte, aber riesenhafte Nesseln, schiefsteife Schilfburgen, Goldrute und Topinambur. Kein

Hochstand weit und breit, kein Ausschuß. Und trotzdem, trotzdem: Hier will ich blatten, ausgerechnet hier.

Am Rande der Allee, die hier sogar ordentlich abgemäht ist, sind zwei alte Baumstämme. Der eine breit, etwa 60 cm hoch, mit stabiler, frischerer Schnittfläche, der andere unmittelbar daneben, etwa einen Meter hoch, außen grautrocken, innen modrig, recht unstabil. Ich stelle mich auf den breiten Stumpf und blatte. Es ist nicht ideal. Der Wind hat sich etwas gedreht und kommt jetzt von Südwest. Für diesen Platz günstiger als früher. Ich stehe so, daß ich die Allee im Rücken habe und beobachte sehr sorgfältig und genau den vor mir liegenden Dschungelschlag.

Die ersten zaghaften Töne sind heraußen, eine Pause folgt. Über mir ziehen zwei junge Reiher schwimmend dem Abendlila entgegen. Die Raubvögel sind stiller geworden, die Turteltauben haben zu melden aufgehört. Aber die Ringeltauben und die hier noch zahlreichen Hohltauben geben ein herrliches Abendkonzert, wie ich es vorher und nachher nirgends gehört habe. Weit über den Sümpfen ziehen die Entenschofe den Stoppeln entgegen, und auf der uralten Soloeiche arbeiten drei Spechte frei von jedem Takt und doch irgendwie im Rhythmus.

„Piä, piä, piä, piää ... piä ..." Da erfasse ich eine Bewegung. Dort, wo die Schilfinsel an die Brennesseln grenzt, dort, beim halbverfaulten Stamm einer längst vom Blitz oder Sturm gefällten Altbuche ... dort hat sich etwas bewegt, bewegt sich noch immer, dazwischen höre ich Laute, die wie Husten oder Schnarchen klingen. Ich habe den Ruf im Mund (fiepe ganz leise) und halte die Büchse fest in den Händen. Es sind etwa 80 Schritt bis dorthin ... Und plötzlich läßt mich heißkalter Schauer erzittern. Über den Blumen des Strohgrases erscheint ein pechschwarzes kapitales Gehörn, ganz leise wippend, im Zeitlupentempo näherkommend – und immer dieses Schnarren und Husten. Das ist er! Mich schüttelt das Fieber. Das ist der Kapitale! Doch die Schwierigkeit der Situation läßt mich langsam ruhiger werden. Mit dem Glas brauche ich nicht lange zu schauen, nun heißt es handeln! Der Bock ist jetzt im relativ niedrigen Teil des Trockengrases; wenn er sein langsames Tempo beibehält, muß er im Topinamburstreifen völlig verschwinden. Ich sehe zeitweilig nicht einmal das ganze Haupt. Nur die Stirn, und die Rosen, – die Lichter kann ich nur erahnen. Das Haupt scheint schneeweiß. Ganz leise, aber mit der Akrobatik meiner 17 Jahre schwinge ich mich auf den höheren Baumstamm, den halb morschen, halb ausgehöhlten. Nun hocke ich auf ihm, die Büchse in den Händen. Während der Kletterei ist mir der Ruf entfallen. Ganz langsam, mit schmerzenden Knien erhebe ich mich. Der Baumstamm hält.

Im ersten Augenblick sehe ich nichts. Schon packt mich der Beginn von Verzweiflung, als ich die pechschwarzen Stangen über dem eisgrauen Gesicht näher als erwartet, aber immer noch im Gras, erspähe. Der Bock verhofft scheinbar auf mich zu. Nur ein Teil des Trägers ist zu sehen.

Nun aber gilt's! Von unten wandert der Zeilstachel zum Träger hinauf. Obgleich ich freihändig ziele, meine Beine zittern und der Bock fast ganz verdeckt ist, liegt der Lauf unglaublich ruhig. Ich halte unter den Träger und lasse fliegen. Gleich darauf verläßt mich meine Kraft, und ich muß hinunterspringen. Dabei zerfällt der Baumstamm völlig.

Im Schuß habe ich nur sehen können, daß der Bock verschwunden ist. – Mein fast immer untrügliches Gefühl aber sagt, daß er liegen muß. Ich weiß noch heute nicht, ob ich Kugelschlag gehört habe oder nicht.

Nun aber plagt mich erst richtig das Jagdfieber. Eine ganze Zigarette brauche ich, um endlich ruhiger zu werden. Mein Herz schlägt in freudiger Vorahnung. Dann hindern mich keine Dornen, keine Gelsen, kein klebriger Morast. Nach fünf Minuten stehe ich entblößten Hauptes vor dem neunjährigen Kapitalen, dem selbsterbeuteten Urbock aus Székelyhid! Der Schuß sitzt am Halsansatz und hat ihn, den besten meines Lebens, im Feuer gefällt. Er ist abgekommen und voller Rachenbremsen.. Daher das unverständliche

Schnarchen. Ich halte ihm die Totenwacht, dann breche ich ihn sauber auf und gebe ihm den letzten Bissen in den Äser. Es ist fast finster, als ich beim Jägerhaus ankomme. Feri hat ebenfalls einen guten Sechser geschossen. Dann hebt ein Erzählen, Schildern, Gestikulieren an, das eines Lebensbockes würdig ist. Ich überwache das Auskochen, bin beim Abwiegen dabei, 490 Gramm zeigt er frisch mit der kleinen Hirnschale.

Josef Stubenberg, der Jagdherr, freut sich ehrlich mit mir. Da es in Ungarn keine Trophäenschauen, sondern nur die jährlichen Ausstellungen in Budapest gibt, kann ich meine Trophäe gleich mitnehmen, was meine Waidmannsfreude verzehnfacht.

Im nächsten Jahr, dem Schicksalsjahr 1944, findet die letzte Prämiierung des ungarischen Jagdschutzvereines im Nationalkasino statt. Dabei bekommt mein Bock die Bronzemedaille. Diese ist etwa soviel wert wie die heutige Silbermedaille, aber was hat das schon zu bedeuten ...

Es folgen schwere Zeiten für das schöne Ungarland, denn erst im nächsten Jahr wird es den Krieg kennenlernen, dann aber gründlich. Und was wurde das Schicksal meiner Trophäe? Nur kurz konnte sie in meinem Zimmer den Ehrenplatz einnehmen. Vor der naherückenden Front müssen wir uns im Dezember 1944 zurückziehen. Über drei Monate lang ist der Verlauf der Hauptkampflinie vor, in oder hinter unserem Heimatdorf. Dabei wird auch das Gehörn des Székelyhiders in zwei Teile gebrochen und liegt mit anderem Hausrat, Geröll und mit Schnee zugedeckt irgendwo im Garten. Ein Jahr später, aus dem Westen zurückgekehrt, finde ich durch Zufall zuerst die eine und einen Monat später die andere Hälfte des Krickels. Die Trophäe ist nur bei der Stirnnaht gebrochen und läßt sich leicht zusammenfügen.

Bild oben: Verfasser mit den zwei Sommerkeilern im Jahre 1943 (siehe Kapitel: Jugend im Jagdparadies).

Bild unten: Unsere leichten Jagdwägen mit den Kutschern János und Antal, während der Schnepfenjagd 1944, auf uns wartend.

Heute hängt der Bock meines Lebens über meinem Schreibtisch in Graz. Ich habe zwar seitdem auch stärkere Böcke geschossen, aber der urige, der alte, selbst erbeutete von Székelyhid bleibt der Bock meines Lebens.

Die seither vergangenen dreißig Jahre haben die Erinnerung nicht verwischt. Sie sind wohl mir, nicht aber dem Bock anzumerken.

Mein Weichselholzruf aber liegt noch immer im Revier, das heute zu Rumänien gehört.

Bild oben: Zwei ganze Wochen dauerten die Csákberényer Saujagden; alle Jahre im Monat Jänner.

Bild unten: Die Rehbrunft in Ungarn hat ihren ganz besonderen Reiz.

Streiflichter

Graue Nebelfetzen stiegen aus der Kühle des Morgens und verschwanden allmählich, denn es war Sommer geworden, die Tage waren lang. Nicht nur Licht brachte die aufsteigende Sonne, sondern Wärme und Trockenheit. Bald verschwand auch der glitzernde Tau.

Die Stimmung eines ungarischen Sommermorgens, wenn die Sonne gerade drei Finger über den Horizont schwebt, wenn sie ihr Rot verliert und die Schatten kürzer werden, diese Stimmung ist unvergleichlich. Der Kuckuck ruft, hundert Vogelstimmen jubilieren, Turteltauben erzählen von Liebe immer und immer wieder. Dazu der Duft herrlicher Wiesenblumen und zartgrüner Gräser. Die Stille wird unterbrochen vom Keckern der Elstern und Prahlen aufgeplusterter Fasanenhähne. Krähenschwärme fliegen gegen Osten, hoch über ihnen gaukeln mit waghalsigen Figuren zwei Bussarde. Wenn die Felder noch still und die Ränder des Waldes voller Wind sind, steigen die Lerchen mit frohem Gesang direkt in den Himmel. Doch auch die Menschen sind nicht müde. Einsame Mäher, schäkernde Mädchen schreiten in den Morgen hinein, aus den Höfen kommen da und dort die Leiterwägen der Bauern. Noch ist angenehme Kühle in der Luft, die bald brütender Hitze der Puszta weichen wird. Die Stimmung eines Tages, deren es so viele gab. –

Ein Junitag. Leise rollt die Jagdkutsche über den staubweichen Feldweg. Da und dort huschen Erdziesel, überall sind Fasanen und Hasen, die Bauernfelder sind noch leer. Ich stehe im Wagen, denn das Getreide ist hoch und verschlingt das Wild. Wir fahren zur Zámolyer Grenze auf einen alten, längst bekannten Spießer, der etwas lahmt und sehr heimlich ist. Tagelang bin ich diesem Bock nachgegangen, schon seit Beginn der Schußzeit und nie hat es geklappt. Gestern sah ihn Öhlmann beim großen Brunnen, er meint, daß er nur in der Früh zu bekommen ist. Nun biegen wir um die kleine Remise, dort unten ist der Ziehbrunnen, rechts der Gerstenschlag. – Es ist zu leicht, zu schnell gegangen. Gleichzeitig mit Antal erblicken wir den Bock auf 30 Schritt in der Gerste. Neugierig starren die Lichter, nassglänzend funkeln die Spieße. Ich muß ihm zuvorkommen. Mit einem Ruck hat Antal die Pferde zum Stehen gebracht, schon bin ich im Graben, erklimme den Rand und schieße freihändig. Ich fahre von unten ins Ziel, den schmalen roten Streifen, der aus der Gerste ragt. Als der Schuß die Stille verdrängt, kläffen in Zámoly vereinzelt die Hunde – weit drüben zuckt es. Wetterleuchten, Fata Morgana, blitzende Sensen? Der Wagen rollt heimwärts. Ungarische Jucker sausen dem Wind entgegen. Ein Falke rüttelt in der Ferne. Das Leben ist schön. Der Tag hat begonnen.

Ein gutes Frühstück, Schlaf, Tennis am Vormittag – dann hatte ich die ausgekochte Trophäe in den Händen. Es ist mein ältester Bock.

1943 ... In der Ferne der Krieg, in der Heimat noch Frieden. Schon Sorgen, aber noch Jugend. Glück und versprechende Zukunft. Siebzehn Jahre, hoffendes Herz ...

Nicht immer ging es so wie damals. Der Frühherbst brachte die Arbeit, und die Arbeit raubte die Zeit.

Tief unten am Rande der Wälder meldeten schon einzelne Hirsche, doch herrschte noch immer die Wärme und sommerlich döste die Luft.

Im selben Jahr am 8. September. Gerade hat sich eine schwarze Gewitterwolke in blaugrauem Dunst aufgelöst, rötlich umrändert von den Strahlen der untergehenden Sonne, kitschig und wehmütig, Sommer und Herbst zugleich. Es ist merklich kühl geworden, mich fröstelt ein wenig. Auf der Lehne der Hosszubörcz äst einsam ein starkes Reh. Es ist dunkel in der Farbe, stark im

Wildbret, unschwer den Bock zu erkennen. Als ich ihn im Glas habe, halte ich den Atem an: ein alter und dazu sehr starker Bock mit grauem Gesicht und dickem Träger. Ich entschließe mich zum Schuß, obgleich die Entfernung groß und das Licht besonders schlecht ist. Glas – Wettermantel – Baumstamm, Distanz etwa 200 Schritt, keuchender Atem, wackelndes Fadenkreuz, das Auge schmerzt. Dann ziele ich sehr ruhig. Im Feuerstrahl merke ich, daß er einen Schritt macht, dann reißt es ihn hinten zusammen. Zu tief dazu – das sehe ich. Er tut sich nieder. Das Haupt ist hoch, schnell repetiere ich. Der zweite Schuß geht daneben. Nun wird er hoch, langsam zieht er der einzigen Dickung entgegen – senkrecht hinauf. Fast dröhnend pocht das Herz. Der Bock kommt nicht mehr zum Stehen. Blau dunkelt schon die Dickung näher, noch ein paar Schritte, im Knall überschlägt er sich wie ein Hase, dann rollt er weich und langsam bis auf den Weg. Hochblatt sitzt der Schuß, er faßte im letzten Moment. Als ich bei ihm stehe, der zwischen grünen Farnkräutern am Rande eines unglaublich tiefen Windbruches liegt, erblicke ich das regelmäßigste Gehörn, das ich je in den Händen hielt. Es ist geperlt bis zu den Enden. Dachrosen hängen tief herab ...

Fünf Kilometer mußte ich den Bock tragen. Spät abends empfängt mich Musik durchs offene Fenster. Es ist 9 Uhr, und aus dem Belgrader Wehrmachtssender klingt ein bekanntes Lied.

Nachdem der Rapport beendet ist, trinken wir den Kapitalen heimlich tot. Dann liegen wir lange bei offenem Fenster, die Grillen zirpen in der Stille. Am Papirtás aber röhrt deutlich und schaurig ein Hirsch.

... Ein Jahr ist vergangen. Sorgen zogen weiter in das Land, Bomben fielen auf Städte und Menschen, Erbitterung schlich sich ins Herz. Es war das Staunen eines Volkes, das für den Frieden gelebt, weil es den Krieg nicht kannte. Dann aber kam er unerbittlich. Zuerst allmählich auf Schleichwegen, dann lauter mit dröhnenden Trommeln. Und das Land, wehrlos, so flach, sah zitternd der Zukunft entgegen.

...Eine Trophäe hängt aber noch heute über meinem Schreibtisch. Sie trägt das Datum des 20. Juli 1944...

...Es war ein heißer Tag, ein Tag fast ohne Wind, fast ohne Luft, mit gelben Stoppelfeldern und einer sengenden Sonne am westlichen Himmel. Wieder stand ich allein und blickte gegen Norden, wo in weiter Ferne Bombergeschwader glitzernd ihre Streifen zogen. Sie flogen heimwärts, und es wurde unheimlich still, nur ab und zu knatterte verloren ein Wagen in der endlosen Gegend. Pappeln und Weiden zeichneten die Grenzen der Landschaft, und die Ziehbrunnen glichen großen schemenhaften Mücken, die das letzte Wasser aus dem Boden ziehen wollten.

...Da saust ein roter Strich aus der Hecke, ein brauner folgt, ein Graben verschlingt den Spuk, seltsame Laute erklingen aus dem Hafer. Längst war ich in Anschlag gegangen. Doch schon wieder waren sie im Mais verschwunden... Stille folgt und bebende Erwartung. Da... Auf einmal teilen sich ganz langsam die Halme, hellgelb und dunkelrot zieht es gerade auf mich zu, unglaublich vertraut als wäre nichts geschehen, müde und doch in brunftiger „Anmut"... Schneller, als es auszusprechen ist, erstarrt die Gais, gleich darauf der Bock, dessen abnorm enges, hohes und lichtes Gehörn ich genau anspreche. Noch bevor ich die Büchse heben kann, entschwinden sie mit einem eleganten Satz im Schilf des trockenen Grabens. Der Wind! — spüre ich auf meinem schwitzenden Genick.

Nun muß ich blitzschnell handeln. Vorsichtig, aber schnell wie ein Geländeläufer pirsch ich zum Grabenrand, der etwas erhöht ist. Nur von dem aus kann ich hinüberblicken. Nun bin ich aus dem Wind. Sie können mich nicht sehen... Als der alte Bock mit seinem schneeweißen Gesicht am jenseitigen Rand erstarrt und dorthin äugt, wo ich früher gestanden, bin ich schon in Anschlag und der peitschende Schuß wirft ihn ins Gras.

Der Weg zum gestreckten Wild ist immer aufregend, in diesem Fall voller Vorfreude. Als ich das Haupt des uralten

Mörders in den Händen halte und lange, lange bei ihm verweile, bin ich glücklich, wie selten im Leben.

Es war am Anfang der Brunft, ein ganz besonders erfreulicher Abschuß. Vater würde mich loben ...

Sorgfältig und sauber breche ich meine Beute auf, verstaue sie im alten, geräumigen Rucksack.

Dann trage ich den Bock über die staubige Straße, die nach pulverisiertem Pferdemist und glutheißen Steinen riecht, nach Hause. Doch als ich ins Dorf komme, stehen die Menschen herum, aufgeregt fahren Militärautos durch den Ort. Sie Hupen böse, wenn die Schweine und Kühe ihren Weg kreuzen. Irgendetwas ist geschehen, das spüre ich sofort. Noch ahne ich nicht, daß dieser Tag in die Geschichte eingehen würde. Es ist ja Krieg und täglich geschehen Sensationen. Was kann schon einen Jungen im Jahre 1944 erschüttern?

Doch das Datum des 20. Juli 1944 grub sich in den Annalen ein. Es steht aber heute friedlich auf der Hirnschale meines Bockes. Für mich war seine Erlegung mit diesem Datum verbunden. Und seine Trophäe hat so manchen und so manches überlebt.

Ein Ami auf den Ruf

Csákberény, Ungarn, 27. Juli 1944.

Das herrliche Sommerwetter dauert schon wochenlang an. Dies ist in Ungarn keine Seltenheit, denn hier herrscht kontinentales Klima. Turteltauben gurren im Pappelhain, und auf den schlanken Akazien verlieren die Blätter das Grün. Ochsenfrösche quaken im wasserarmen Tümpel von Czabácza, knarrende Bauernwagen wirbeln den Staub der Feldwege auf.

Nach außen: ein typischer sommerlicher Alltag. In Wirklichkeit: der letzte Juli des zweiten Völkerkrieges.

Über den karstigen, weißlichen Kuppen des südlichen Vértes leuchtet das dunkle Grün unseres Waldes herunter. Im noch unversehrten Schloß sind nur wenige Soldaten einquartiert. Im Park blühen zahllose Rosen. Gestern kam mein Vater von Györ zurück, wo es ihm gelang, vom Kriegsdienst freizukommen. Auch mein Bruder Feri ist auf Kurzurlaub gerade zu Hause. Das trifft sich gut, denn ich selber bin mit dem Rehbockabschuß arg im Hintertreffen, gilt es doch, anstelle der vielen eingerückten Angestellten in der Ökonomie zu arbeiten. Nun fallen Vaters Rückkehr, Feris Anwesenheit und der Brunftbeginn zusammen. Man entschließt sich, auf einige Tage ins Revier zu gehen. Ferenc ist schon am Vormittag mit dem Proviant zur Jagdhütte von Kápolna gefahren. Es ist dies die Lieblingshütte meines Vaters, nach steirischem Muster erbaut, mitten im großen Kápolnaer Urwald gelegen. Vater, Mutter, Feri und Maxi kommen am Abend beim Jagdhaus an. Es ist angenehm kühl im Schatten der uralten Eichen und Buchen und ungewöhnlich still... wie im Frieden.

Ferenc hat das Radio aufgedreht:

„Mit dem Gongschlag wird es 20 Uhr und eine Minute"... pängg! „Nachrichten des Drahtlosen Dienstes. Achtung, die Luftlagemeldung: Über dem Reichsgebiet befindet sich kein feindliches Flugzeug... zu Beginn die Wiederholung des Wehrmachtsberichtes..."

Mein Vater stellt ab. Man will ein wenig ausspannen, ein wenig die schweren Sorgen vergessen, ein wenig die Illusion vom Frieden und einer sicheren Zukunft genießen. Nach dem Abendessen geht es bald in die Betten, während durch die offenen Fenster Grillenzirpen und melancholisches Zikadensingen dringt. Am Morgen heißt es früh aufstehen. Feri wird meinen Vater begleiten, die Mutter und Maxi bleiben in der Hütte —

Im Dorf, 28. Juli.

Schon am frühen Vormittag sind einige Einflüge amerikanischer Bomber in Richtung Budapest zu beobachten. Metallisch blitzend, dumpf dröhnend, fliegen in großer Höhe kleinere Formationen viermotoriger „Liberators" nach Nordosten. Wie meistens, schaut man kaum mehr hinauf, wie meistens werden sie vorerst von keinem Jagdflugzeug angegriffen. An diesem Tag aber hat die eine, die letzte Formation Pech. Aus dem Raum München kommend, in Richtung Balkan fliegend, überquert eine Staffel Messerschmitt-109 das Vértesgebirge; sie verlegt scheinbar nach Südosten. Der Verband stürzt sich auf den Pulk, der ohne Sicherung über unserem Wald fliegt. Ein schauerlicher Luftkampf spielt sich fast unmittelbar über uns und dem nahen Revier ab. Zwischen Csokakö und Gánt knallt es und kracht es, jault es und dröhnt es. Fast gleichzeitig sehe ich vom Garten aus drei Bomber brennend herunterstürzen. Zwei Fallschirme baumeln in der Luft. Der eine aber brennt, wird immer kleiner, und dann verschwindet ein kleiner Punkt in der unendlichen Tiefe. Der andere baumelt langsam herunter, irgendwo zwischen Kápolna und Mindszent muß es sein.

...Meinem Vater ist gleich am zweiten Platz ein starker,

zurückgesetzter Gabler von hinten gesprungen, aber so unglücklich und so verdeckt, daß Vater nicht zum Schuß kam. Um 10 Uhr springt ihn ein junger Sechser, den er leben läßt, und unmittelbar darauf ein sehr hoher enger Sechser, den er mit Blattschuß im Feuer streckt. Während Feri den Bock versorgt und Vater es etwas weiter oben, gegen die Grenze zu, noch einmal versucht, geht über dem Wald die Hölle des Luftkampfes los. Die Explosionen scheinen so nahe, daß man unwillkürlich den Kopf einziehen muß. Durch das Laubdach des Buchenwaldes ist kaum etwas zu erblicken. Nach einer Zeit, in der Vater ruhig sitzen bleibt, wird es still.

Leise und zart erklingt der Ruf einer Schmalgais. Pause. Noch einmal, nun etwas lauter, fordernder ... Da ... halbrechts beim alten Fahrweg, ist das nicht eine Bewegung? Ein Reh, vielleicht ein Stück Hochwild? Nun sieht er es: Es ist ein Mensch, ein junger Mann, der langsam auf ihn zukommt. Vater rührt sich nicht. Fest umklammert er seinen Kipplaufstutzen, denn man kann wirklich nicht wissen. Der Wald ist voller Fremdarbeiter, und auch von Partisanen munkelt man. Ist es ein Wilderer? Erst als der Mann drei Schritte vor ihm steht, erblickt er meinen Vater. Dieser ist auch sofort im Bilde. Der blonde Mann vor ihm hat eine lederne, etwas zerfetzte Fliegerkombination an. In der Rechten hält er einen Kompaß und eine aus Leinen gefertigte Karte, die Linke hängt schlaff herunter.

Mit schmerzlich verzogenem Mund lächelt er Vater an und grüßt:

„Jugoslawia, Austria, Germany?"

„No — Hungary."

„Please, Sir", sagt er weiter, „bitte nicht zur SS, bitte nur nicht zur SS!"

Beruhigend bittet ihn Vater mitzukommen, während er ostentativ die Büchse umhängt. Nun sieht er erst, daß der Ami mehrere Brandwunden im Gesicht hat und daß sein linker Arm gebrochen ist. Auch durch den Zippverschluß seiner Pelzstiefel sickert Blut. Sie gehen zur nahen Hütte.

Meine Mutter staunt nicht wenig über den Gast. Zuerst wird er verbunden, geschient (Ferenc war Sanitäter), die Brandwunden werden mit frischer Butter versorgt. Einen Schluck Rotwein trinkt er dankbar, und dann beginnt es aus ihm herauszusprudeln. Er erzählt von zu Hause, wo er einen Zwillingsbruder hat, er ist Dentist und heißt Bob Hyatt, auch sein Bruder ist eingerückt. Er übergibt meiner Mutter einige Wertsachen, darunter ein goldenes Zigarettenetui. Seine Kampfration (inklusive der diversen Pillen) wird gehörig bestaunt.

Feri ist auf der Suche nach dem Fallschirm auf das verkohlte Wrack der einen Maschine gestoßen. Darin sind fünf verbrannte Menschen, einer ist zur Hälfte eingeschrumpft.

Nun wird der Mann vorerst in einer Scheune versteckt. Meine Eltern passen auf, daß niemand in seine Nähe kommt. Überall streift die volksdeutsche SS herum, und die macht wenig Umstände. Feri benachrichtigt einen guten Freund und Verwandten, der in einem Nachbardorf bei der Luftwaffe als Offizier stationiert ist. Er wird ihn morgen abholen. Bob aber ißt mit gutem Appetit die Leber des Rehbocks, den mein Vater knapp vor seinem (Bob's) Abschuß erlegt hat. Mit den besten Wünschen und Grüßen folgt er Leutnant W. in die Gefangenschaft. Irgendwie sieht er erleichtert aus. Er kommt in ein Lager für Offiziere, das leidlich geführt wird.

Unterdessen überschwemmt der Krieg auch Ungarn, und meine Heimat wird zum Kriegsschauplatz. Drei Monate toben die Kämpfe südlich des Vértesgebirges, das Dorf wird völlig zerstört, unser Heim ist nicht mehr. Schließlich verlassen wir Ungarn. Der Waffenstillstand findet uns wohlbehalten, vorerst aber zu Bettlern geworden, in Österreich ...

Eines Tages flattert ein Brief aus Amerika in unser neues Heim. Von Bob Hyatt, dem schon fast vergessenen amerikanischen Flieger. 100 Dollar liegen bei, ein Paket nach dem anderen folgt. Er und sein Bruder haben den Krieg gut überstanden. Seine Tabatiere wird ihm zugeschickt. Ein Kontakt unter Menschen entsteht, der nie mehr abgerissen ist.

Mein stärkster Hirsch

Regen prasselte an die Fenster, als mich am 23. September 1944 Hendrik weckte. Der Kutscher Hendrik, immer schon maßlos passioniert, hatte an Stelle des eingerückten Jägers das südliche Revier zu betreuen. Weit draußen im Osten lauerte der Morgen, doch war das Licht von den Regenwolken erstickt, und lau strich der Südwind über die Halden, doch so stark, daß er bald den Regen vertreiben würde. Südwind! Das war das Losungswort für mich, denn dann war das Wild in meinem Revierteil. Schnell verzehre ich mein Butterbrot und trinke den heißen Milchkaffee aus dem Thermos. Dann schultere ich meine Mauserbüchse, greife mir den Birschstock, und über den Obstgarten und die Hutweide eilen wir zu Fuß in den Wald.

Unterwegs überlege ich, was wir wohl am besten unternehmen sollen. Mit Hendrik bespreche ich in großen Zügen unsere Birsch. Ganz entschlossen bin ich noch nicht, als unten beim Jägerhaus die Hunde zu kläffen beginnen, und der Waldkauz lautlos über die Wiese streicht.

Es gab nämlich verschiedene Möglichkeiten, um Erfolg zu haben.

Die Sache stand nämlich so: Mein Vater hatte in Anbetracht der unsicheren Verhältnisse, die das Jahr 1944 mit sich brachte, an meinen Bruder und an mich die Frage gestellt, was uns lieber wäre, entweder er gibt jedem von uns einen Brunfthirsch und drei Abschußhirsche im ganzen Revier frei, oder er teilt uns abgelegene Revierteile zu, wo wir alles erlegen dürften, was das Gesetz und die Waidgerechtigkeit erlaubten.

Ohne nur ein bißchen nachzudenken, wählten wir beide die letztere Möglichkeit. Feri bekam den nordwestlichen Teil des ca. 5000 Hektar großen, zusammenhängenden Waldes den Revierteil Csóka, und ich einen langen, ganz schmalen Streifen unterhalb der Gánter Allee, also den südlichsten Teil, wo sich nur zeitweilig, bei herrschendem Südwind Hochwild aufhielt. Auch war es sehr schwierig, hier zu birschen, da dieser Teil zu 80 Prozent aus dichten Buchen- und Eichenkulturen bestand, ohne ausgebaute Birschsteige war und die Dickungen nur durch ganz schmale Hochwaldstreifen getrennt waren. Die sogenannte Gánter Allee war ein öffentlicher Fahrweg, die kürzeste Verbindung zwischen Gánt und dem Heimatort Csákberény, fast sechs Kilometer lang; unterhalb derselben war der breiteste Revierteil 600 Meter breit, dann kam der Draht und die Gránáser Bauernfelder. – Das war also unsere Aufgabe und dahin war ich alltäglich mit Hendrik gebirscht. Vor einigen Tagen schoß ich einen uralten, sehr starken Zehner, gerade als er über die Allee in die nördlicheren Böden einziehen wollte.

Heute wollte ich noch weiter gehen und daher mußten wir uns sputen, der Boden „Gizikut", zu dem ich mich endlich entschloß, war sicher eine gute halbe Stunde entfernt, und wir waren etwas verspätet. Von weitem hörten wir schon durch das Nebelreißen die Stimme eines anscheinend starken Hirsches, doch meldete er äußerst spärlich, daher war ich nicht sicher, ob er sich in „meinem" Revier befand. Als wir uns dem Bagolyhegy näherten, hielten wir Kriegsrat. Hendrik, der schon unter normalen Verhältnissen so stotterte, daß man ihn kaum verstand, sprudelte jetzt unter seinem verwaschenen roten Schnurrbart einen ganz verworrenen Plan hervor.

Der Hirsch war gar nicht weit, in einer Mulde inmitten eines verwachsenen Schlages, ganz im Süden unweit des Drahtes, doch mußte er nach Menschenermessen nach Norden ziehen. Was war zu machen? Hendrik schlug vor, ihn direkt anzugehen, was ich in Anbetracht seines sehr sparsamen Röhrens jedoch ablehnte. Von Süden war ihm vom Hochwald aus nicht beizukommen, weil der Wind schlecht war. Also blieb nichts anderes übrig als ruhig, unter gutem Wind den Lauf der Dinge abzuwarten und, wenn der Hirsch sich in Bewegung setzte, von der Seite her, also vom Westen ihm entgegenzugehen und ihn an einem Weg, der parallel zur Gánter Allee, etwa 80 Meter südlich lief, abzupassen.

Als wir so dasaßen und warteten, stand auf einmal, wie aus dem Nebel getreten, lautlos ein Hirsch vor uns. Keine 20 Gänge vor mir, ein junger Zehner, der zu uns verhoffte.

Der Regen war schwächer geworden und es war schon Schußlicht, allerdings der Graben, wo der Brunfthirsch meldete, noch nicht zu übersehen. Der Beihirsch bewachte uns lange. Da, ein kleiner Hauch im Genick, eine ruckartige Wendung, wohin um Himmels willen wird er sich wenden? Und der Hirsch prasselt an uns vorbei in den Bestand, um auf 200 Schritt die Allee zu überqueren. Na, Gott sei Dank, den hätten wir untergebracht. Da deutet Hendrik nach vorne. Auf der Schneid, ganz nahe des schmalen Weges, rührt sich etwas. Ist es ein Reh? Nein, ein schwaches Kalb steht dort und verhofft zurück. Der Hirsch meldet immer noch vom Graben. Das Kalb zieht langsam nach links über den Weg. Aha! Das Tier steht schon auf der anderen Seite, fast zehn Meter vor der Allee. Würde es da hinüber langen, wenn der Hirsch auch nachfolgte? Unmöglich, konstatiere ich, es sind gute 250 Meter und eine zu schlechte Sicht, außerdem zuviel Deckung, wo der Hirsch mit Leichtigkeit den verwachsenen Weg überfallen könnte.

Und er wird kommen, das verrät nun schon seine Stimme, die merklich näher, aber noch nicht vom Kamm der kleinen Mulde heraufhallt. Mit einer Bewegung nagle ich Hendrik fest, dann schleiche ich auf allen Vieren den Weg, den taunassen alten Fahrweg entlang etwa 80 Schritte nach vorne. Es ist scheinbar geglückt, denn nichts ereignet sich vorläufig. Tier und Kalb sind nicht zu sehen, aber ich höre sie auf etwa 150 Schritt oder noch weiter. Von hier aus könnte es gehen.

Ganz weither vernehme ich schon den ersten Wagen von

Gánt her klappern. Es ist auch viel lichter geworden, auch reißt die Wolkendecke allmählich auf, doch nieselt es immer noch ein wenig. Bevor der Wagen kommt, muß der Hirsch über die Allee sein, das ist sicher, also kann es nicht mehr besonders lange dauern. Und richtig, wie aus Erz gegossen steht ein Hirsch auf dem Plateau der Mulde und verhofft. Wieder ein Beihirsch, ein ganz schwacher Achter. Nun ein zorniger Trenzer, dann kommt Bewegung ins Bild. Beihirsch, Schmaltier, Kalb, Tier, Kalb schieben sich nacheinander auf dem Wechsel vor. Dann ... wie ein riesiges Phantom steht der Brunfthirsch genau dort, wo früher der Achter stand. Glas unter der Weste hervor. Der ist aber kapital! Rechts Wolfssprosse und kein Mittelende, links normal zwölf, sehr dick ... nanu, wo ist er denn hin? Er muß weiter sein. Schon höre ich vom Wagen her Männerstimmen. Der Weg vor mir ist noch leer. Sie kommen, ich höre sie. Der Hirsch ist alt und schußbar, ich werde es versuchen. Ganz langsam stehe ich auf und warte. Da kommt ein Kalb, der Beihirsch, das Tier, das Schmaltier, noch ein Tier. Jetzt, jetzt ... Da sehe ich die Kronen, wie er langsam näher kommt. Auf zirka 120 Schritt wird er den Weg überqueren. Ich bin schon halb im Anschlag. Da ist er. Ich fahre ruhig auf ... Ein hinausgeschrieener Hirschruf. Er steht wie eine Scheibe mitten auf dem Weg. Ich aber finde ihn nicht im Fernrohr. Herrgott, ich sehe ihn nicht. Das Fernrohr ist vollkommen trüb. Schon hebt er argwöhnisch das Haupt, schon spannen sich seine Sehnen, und kapital ist er, mein Gott ... Da fallen mir noch rechtzeitig Kimme und Korn ein. Ich ziele schnell, aber sorgfältig. Rumms ... er liegt im Feuer und rührt keinen Lauf.

Die Stimmen der Männer sind verstummt. Auch der Wagen knattert nicht mehr. Hendrik ist da, das Gesicht vor Aufregung

---

Mein im August 1943 in Székelyhid erlegter Kapitalbock (siehe Kapitel: Der Starke von Székelyhid).

röter als sein Bart – ich warte noch, habe repetiert –, doch der da auf dem Weg braucht und hört nichts mehr.

Langsam gehen wir hin. Mit unbeschreiblicher Freude greife ich in die Stangen meines stärksten Hirsches, unfähig ein Wort zu sagen mit überquellendem, dankbarem Herzen. Hendrik, der pfiffige Jäger aber verhandelt schon mit den Bauern, damit sie den Hirsch gleich mitnehmen.

Gerührt und ein bißchen wehmütig betrachte ich den kapitalen Zwölfer, mit den dicken, aber ungeperlten Stangen. Es ist ein uralter Hirsch, mit einer Wolfsprosse an Stelle des Mittelendes auf der rechten Stange, wie ich ihn angesprochen habe. Dieser Hirsch konnte nur so alt werden, weil er sich abseits der großen Brunftplätze, hier am Rande des großen Waldes aufhielt, selten gesehen und noch seltener angebirscht wurde. Die Grandln sind völlig abgewetzt und schmal.

Mein Vater ist noch im Bett, als ich ihm die Grandln zeige und alles berichte. Das erwartete Lob bleibt nicht aus. Dann gehen wir gemeinsam zur Waage, wo der Hirsch auf der Strecke liegt. Er wiegt aufgebrochen mit halbem Haupt 190 kg.

Beim Auskochen assistiere ich Ferenc und bin auch bei der Abwage des Geweihes anwesend. Mit kleinster Hirnschale wiegt das Geweih 7,6 kg und hat 179 Nadlerpunkte. Bis zu diesem Zeitpunkt ist es das stärkste Hirschgeweih des Jahres.

Nach zwei Jahren ist das Geweih dieses Hirsches eines der wenigen, das ich wiederfinde. Bei unserer dritten Flucht, im Jahre 1948, kann ich es nicht mitnehmen. Wenn es aber trotzdem heute unversehrt in meiner Wohnung hängt, verdanke ich diese Tatsache selbstloser Hilfsbereitschaft, echter Waidkameradschaft. Täglich fällt mein Blick auf meinen Hirsch, der bis heute mein stärkster geblieben ist – (siehe auch Kapitel: Jugend im Jagdparadies, S. 27).

Lautlos erscheint ein jüngerer Sechser aus dem hohen Waldgras . . .

Seine zwei Letzten

Es war ein herrlicher Herbsttag des vorletzten Kriegsjahres, voll Licht und hellblauem Himmel, voll Erfüllung und Wehmut. Die Schwalben schwärmten, die Pressen im Weingarten knarrten bereits, schwankend klapperten die vollen Kukuruzwagen, Ringeltauben und Falken zogen am Himmel dahin und allmorgendlicher Nebel färbte die Blätter rot.

Die Brunft hatte ihren Höhepunkt überschritten. Wir wußten: Nur noch wenige Tage, dann war sie ganz vorüber. An diesem Mittwoch aber röhrten die Hirsche auch über Mittag. Als die Strecke des Vorabends und des Morgens vor dem Essen besichtigt wurde und es so herrlich nach Hirsch, Pferden und Heu roch, als die Glocken verstummten und eine so richtig klare, spinnwebumgarnte Weinlesestimmung herrschte, da grollte vom Papirtás und der Vargatisztás herunter der Kampfruf zweier Rivalen.

Die Hirschbrunft in Mittelungarn hat einen ganz besonderen Reiz. Sie ist in keiner Weise mit dem Brunftbetrieb der österreichischen Alpen, ja nicht einmal mit jenem der Donauauen zu vergleichen. Sie dauert lange, ist „lautstark" und intensiv, und sie ist vom Wetter nur insoweit abhängig, als die Rudeln immer gegen den (oft wechselnden) Wind ziehen, die Hirsche daher ihren Standort nur kurz halten und so an guten Tagen, bei uns dann – wenn vorwiegend Südwind herrscht – wirklich viel los sein kann.

Der Hauptbrunftplatz des Reviers Csákberény, der schon erwähnte große „Cser", eine mit Obstbäumen und Brombeeren, Schlehdorn und kleinen Dickungen bestandene ehemalige Schafweide, war von der nächsten Siedlung sechs Kilometer entfernt und im Mittelpunkt des Vértes-Massivs gelegen. An seiner Nordgrenze zog sich der bereits zum Esterházyschen Revier „Nána" gehörige große Föhrenwald hin, im Süden Eichen- und Buchenwälder. Es ist interessant und erwähnenswert, daß auf diesem Brunftplatz bei günstigem Wind 25 bis 30 Brunfthirsche meldeten und ein Anbirschen fast unmöglich war. Am Vorabend hatte ein Jagdgast dort von einem der Hochstände aus einen alten Kronenzehner erlegt. In der Früh war Bodennebel, der bis 10 Uhr vormittags anhielt. Mein Vater beschloß daher, heute nicht auf den Cser, sondern in den zum Parallelrevier Kápolna gehörigen Buchwald zu gehen, wo bisher nur zwei Hirsche erlegt worden waren.

Um halb 4 Uhr warteten Revierförster Maurer und Jäger Zimmermann im Horogvölgy, und zu viert birschten wir über die Heublöße auf der Schneide der „Langen Sutte" gegen den Buchwald hinauf. Auf der „Langen Sutte" röhrten am Schlag zwei Hirsche, von denen wir aber nur den einen, einen jungen Vierzehnender, ansprechen konnten. Wir setzten uns an, da der andere Hirsch mit seiner hohen unheimlich klingenden, heiseren Stimme unsere ganze Aufmerksamkeit erregte. Vorläufig war er aber überriegelt und unsichtbar. Ein halbe Stunde verging. Glas und Kipplaufstutzen meines Vaters lagen griffbereit, die Sonne stand uns genau gegenüber. Die Entfernung bis zum ständig meldenden Vierzehnender betrug gute 150 Schritt.

Da erscheint plötzlich gerade gegenüber das Geweih und das Haupt eines sehr starken Hirsches, etwa 70 Schritt über dem jungen. Jetzt steht er ganz auf dem Kamm und verhofft herunter. Schaurig und diesmal viel stärker tönt es herüber: Auu-aa, Uoöö-oou, oa, ööo . . .

Herrgott, ist das ein Hirsch! Sicher sind es zweihundert Schritt bis zum Kahlschlag, aber im Glas sehe ich sehr dicke Stangen, beiderseitige Krone, einen mächtigen Träger, lange, ungleich gebogene Augenden. Ein unbekannter Hirsch, wie so oft, ein alter, ein starker.

Mein Vater richtet sich zum Schießen. Der Hirsch steht

unbeweglich, etwas spitz. Da erscheint halblinks am Riegel das unwahrscheinlich lange Haupt eines Alttieres. Jäh wendet sich der Starke, jetzt steht er breit – wie lange noch? –, da bricht der Schuß.

Wie vom Blitz getroffen fällt er im Feuer, überschlägt sich, fängt an zu rutschen, stürzt prasselnd den sehr steilen Hang hinunter und bleibt an der Wurzel eines vom Wind gefällten Baumes hängen. Das Rudel des Nebenbuhlers stürmt nahe an uns vorüber, während der junge Vierzehnender, den Sturz seines Rivalen mißverstehend, einen langgezogenen Kampfruf in die Gegend schmettert. Erst nach geraumer Zeit folgt er dem Rudel. Endlich steigen wir hinüber.

Der Schuß hat beide Blätter durchschlagen, ein Hochblattschuß, wie er sein soll. Ja, es ist wirklich ein alter Hirsch, das zeigen die ganz kleinen Grandln. Wie am nächsten Tag festgestellt wurde und wie ich es heute aus dem Jagdbuch meines Vaters entnehme, wog der Hirsch aufgebrochen 186 Kilogramm, sein Geweihgewicht mit der kleinen Hirnschale betrug 6,7 Kilogramm, er hatte 175 Nadlerpunkte.

Das Konzert der Hirsche, schon vor dem Schuß etwas abgeflaut, wurde durch diesen nicht gestört. Ohne direktes Ziel birschen wir am Rande des „Hauswaldes" an einer Eschendickung entlang, um dann, vielleicht in der Sektion 3, zum kleinen Hochstand zu gelangen. Da ziehe ich meinen Vater am Rock. Auf etwa 40 Schritt, schon nahe der Grenze im jungen Stangenholz, zieht vertraut und zügig ein Hirsch halbschräg gegen uns. Er muß den Birschsteig passieren. Ein Blick auf die Kronen läßt uns erstarren, die Auslage gibt uns den Rest. Obgleich mein Vater nur ungern zwei Brunfthirsche an einem Tag schießt und das ganze so schnell, so unerwartet „unbrunftmäßig" vor sich geht, ist er bereits im Anschlag. Als der Hirsch den Steig passieren will, rufe ich ihn an. Anruf, Verhoffen und Schuß fallen zusammen. Dann ist die Bühne leer. –

Der Hirsch ist ohne Zeichen weg. Kugelschlag war nicht zu hören. Wir sehen uns wortlos an. Am Anschuß finden wir nichts. Wir warten am nahen Hochstand fast eine Stunde, dann wird es dämmerig. Wir finden weder eine Fährte noch ein Zeichen. Nichts. Ist der Hirsch gefehlt? Irgendwie kann ich es nicht glauben. Doch nun, als wir die nahe Umgebung erfolglos durchsucht haben, beschließen wir, die Nachsuche mit „Hirschmann" auf den nächsten Tag zu verschieben. Noch einmal kehren wir bei unserer Suche zum Anschuß zurück.

Ich gehe den Birschsteig entlang, da durchzuckt es mich heiß und kalt.

„Da liegt er . . . ", rufe ich heiser.

Fast vor meinen Füßen, aber auf der anderen Seite des Steiges, ragt die linke Stange aus dem hohen Gras. Und was für eine Stange! Der Hirsch muß einen doppelten Bogen geschlagen haben und wieder dahin gelangt sein, von wo er kam.

Der Schuß hatte etwas hinten, in der Zone der falschen Rippen, gefaßt. Ein unbedingt tödlicher Schuß. Daß kein Schweiß war, kann ich mir nur so erklären, daß sich in der Bewegung die Decke vor den Einschuß geschoben hatte. Und dann das Geweih! Gerader Sechzehnender mit teilweise unterarmlangen Enden in den regelmäßigen Fächerkronen, kapitale Auslage, Stangenlänge 108 und 105 Zentimeter, aufgebrochen 148 kg, Geweihgewicht 7,7 kg (Kleine Hsch), 184 Nadlerpunkte. Dieser alte, reife Hirsch war für Verhältnisse des Vértes-Gebirges wirklich sehr stark. — Lange nachdem Jäger Zimmermann (der einige Wochen später von den einmarschierenden Truppen erschossen wurde) den Hirsch aufgebrochen hatte, halten wir noch die Totenwacht. Dann gehen wir zu unserem Wagen. Was mochte wohl das Herz meines Vaters an jenem Abend berühren, als die Herbstzikaden sangen und es nach Obst und Erde roch? Daß er die kommenden Entwicklungen nicht nur ahnte, sondern bereits mit Sicherheit erwartete, steht heute für mich fest. So war auch unser Gang zum Wagen ein Abschied. Es war die letzte Pirsch, die mein Vater im alten Revier unternommen hatte. Sein — übrigens zweitbester — Hirsch sollte noch, bevor er jemals aufgehängt wurde, von unbekannten Barbaren in Stücke zerhackt werden. Wir fanden später seine abgesägte Krone im Garten des Pfarrhauses wieder.

Mir ist diese Pirsch in klarer Erinnerung geblieben. Sie war nicht nur ein Abschied von der Hirschbrunft 1944, ein Abschied vom herrlichen Revier Csákberény, sie war für mich auch ein Abschied von der Hirschjagd wie ich sie zu Hause kennen lernte.

Trotzdem schlägt mein Herz alljährlich, wenn ich irgendwo in der Welt zur Herbstzeit das Orgeln der Hirsche vernehme, schneller, und alte Erinnerungen werden wach.

Dann spüre ich wieder den Duft reifenden Obstes, den beizenden Geruch herbstlicher Eichenwälder, dann sehe ich die schwarzen Brombeeren und die blauen Schlehen, höre die Laute der Weinlese zur Zeit der Hirschbrunft die jährlich wiederkehrt.

Denn der Herbst und seine Schönheit sind geblieben.

Spätherbst

Es gibt im November einen Tag, an dem der Herbst Abschied nimmt und plötzlich der Winter da ist. So um den Dreiundzwanzigsten, Vierundzwanzigsten herum. Die Schnepfen sind schon abgezogen, das Laub ist herunten, der Reif ist hartnäckig, und es riecht nach Schnee. Vorbei ist die Farbpalette der bunten Laubbäume, vorbei das zitternde Surren der gelbroten Blätter, vorbei der Erdenduft der Allerheiligenstimmung. Dem Kalender nach ist es noch Herbst, aber in Wirklichkeit ist es schon winterlicher, als Anfang Februar. Die niedrigen, bleigrauen Wolken eilen im kalten Wind dahin, der von den Bergen kommt, wo sie schon ihre Last verloren haben. Es ist nicht der Regen des Herbstes, es ist schon der bleibende Schnee des Winters. Hier herunten aber, wo die Schollen gefroren, die Bachränder eisig und die Wiesen braun geworden sind, riecht es nach Kälte, und die Natur schläft.

An einem solchen Tag war die Jagd.

Wir Schützen sind zu sechst. Zehn Treiber sind von den zwei Aufsichtsjägern bestellt worden. Es geht an die Grenze, am Rande der großen Wälder, an buschigen Feldrainen entlang und dorthin, wo die Teiche vom dichten Jungwald umgeben sind. Wir haben Flinten und auf Geheiß des Jagdherrn einige Brennekepatronen mit. Man kann nie wissen.

Im ersten Trieb stehe ich in einer Mulde am Rand des Waldes. Hinter mir eine mit Schleh- und Weißdornbüschen bestandene hügelige Wiese, links vor mir die Biegung eines Baches und eine Eichendickung, rechts Hochwald und eine schmale Lichtung. Der Trieb geht von links an mir vorbei, ich bin der zweite Flankenschütze. Mein linker Nachbar geht vorerst mit den Treibern mit, mein rechter steht am Waldeck an der Schneise, wo der steinige Wagenweg in den Bestand mündet. Auf diesem stehen noch zwei Schützen, während der sechste, mein Bruder, auf der anderen Seite flankiert.

Es ist wohltuend still. Nur ab und zu fallen Tropfen vor mir auf die kleinen Büsche. Die Treiber sind weit weg, man kann sie noch nicht hören. Rechts vorn fällt ein Schuß und noch einer ... Donnerwetter, das war sicher ein Fuchs. Häher turnen vor mir im Geäst, sie sind ganz still, wollen sich herausschmuggeln. Dann sehen sie mich. Fasanen stehen auf und segeln fast lautlos an mir vorüber den Rand des Waldes entlang. Es sind alles Hennen. Ein Hase hoppelt weit an mir vorbei nach vorn. Ein Schuß ..., dann Stille. Mein Nachbar – eben hat er sich gemütlich Pfeife rauchend an seinem Stand eingefunden – ist zur Salzsäule erstarrt. Hastig hebt er die Flinte. Kurz vor ihm sehe ich eine schnelle Bewegung, ein Schuß ..., und schon kommt pfeilschnell zwischen den alten Buchen aus der Dickung ein Fuchs. Mein rascher Schuß läßt ihn zur Seite kippen. Der arme Nachbar. Er hat zu hastig, zu früh geschossen, just in dem Augenblick, als der Fuchs ihn auf fünf Meter erblickte und sich herumwarf. So ist des einen Leid des anderen Freud. Der Nachbar grüßt aber herüber, und ich sehe sogar den Anflug eines Lächelns. Ein echter Waidmann! Die Treiber sind bereits in Sicht- und Lautnähe. Zwei Gockeln stelzen vor mir, halten inne, werden lang, rennen plötzlich wie von Furien gejagt, halten wieder inne, in ihrem roten Gesicht glänzt rund und schwarz die Angst. Nun höre ich einige Einzelschüsse. Einen Hasen lasse ich mit zwei Schüssen auf der Wiese roullieren. Nun stehen vorn die Hahnen auf. Der eine fällt, von schneller, kundiger Hand getroffen, der andere streicht zurück. Mein Doppelschuß zwischen den Buchenwipfeln geht daneben. Der Nachbar streckt ihn mit Meisterschuß. Nun darf ich meinen Hut heben. Der Trieb ist zu Ende. Ich betrachte und streichle meinen dunklen, schweren Rüden mit kindlicher Freude. Selbst trage ich ihn zum Weg, wo die Strecke gelegt wird. Es liegen zwei Füchse, sechs Hasen, drei Hahnen, zwei Häher.

Nun wird eine kleine Feldstreife gemacht, die zusammen zwölf Hasen und vier Hahnen ergibt. Ich bin diesmal, in der Mitte gehend, schußlos geblieben. Dafür schießt mein Bruder drei Hasen. Wir sind nun wieder im Wald und gehen die große Allee entlang. Bei der Einsiedlerkeusche, die seit Jahren verlassen ist, wird Mittag gehalten. Es hetzt uns nichts, wir haben Zeit. Auch die Mittagsrast muß genossen werden. An einem kleinen Feuer braten wir Speck, Zwiebeln und Paprika, schneiden frisches Bauernbrot, dazu trinken wir ein Gläschen leichten Sandwein. Man raucht, man erzählt. Die Jäger sagen, im ersten Trieb hätten in der Nacht Sauen gebrochen. Beim Aufbruch taste ich nach meinen Brenneke-patronen. Nun wird die Dickung genommen, an deren östlichem Rand der Fischteich liegt. Natürlich ist er schon abgelassen, nur in der Mitte glänzt noch eine kleine Lacke. Mein Stand ist unweit der Einsiedlerkeusche, vielleicht 300 Meter vom Mittagsplatz entfernt. Rückwechselstand. Ich unterhalte mich mit den Treibern, während die anderen Schützen in großem Bogen die verhältnismäßig kleine Dickung umstellen. Zwei Schützen kommen auf den Weg, zwei an die „Brust" und einer an den Teichrand. Gleich nach dem Anblasen bricht ein Hase zurück, er saß die ganze Zeit vor mir im hohen Schilfgras. Mit einem Schnappschuß strecke ich ihn. Häher ratschen, steigen hoch, drehen um, fallen wieder ein. Es ertönen nacheinander drei Schüsse, dann ein einzelner. Es dürfte vorn und am Teich gewesen sein. Die Treiber sind schon weit. Ich bin allein, um mich ist Stille. Da plötzlich: wieder zwei Häher, lautlos und selbstsicher. Sie kommen direkt über mich. Während ich den ersten beziele und im Geiste schon an die Doublette denke — ertönt in der Ferne ein großes Geschrei. Zwei Kugelschüsse fallen, das Geschrei verstummt plötzlich, dann bricht es wieder los, lauter und eindringlich. Schon habe ich beide Läufe mit Brenneke geladen. Wieder fallen Schüsse, diesmal am Waldweg, dann höre ich es schon brechen ...

Zuerst trappelt es, dann knacken Äste, sogar starke Äste,

nun höre ich das Anstreifen schwerer Wildkörper. Dann urplötzliche Stille. Der Wind ist gut, er zieht vorn rechts an mir vorbei. Ich stehe gespannt im Halbanschlag. Kein Muskel rührt sich, kein Laut ist zu hören. Da fallen wieder Schüsse, und mit dem Echo des ersten geht das Brechen vor mir wieder los. Die Sauen kommen direkt auf mich zu. Schon sehe ich schwarze Schemen, schon die Läufe, schon das Gebrech der alten Bache. Kurz verhält sie, und mit einem Satz ist sie über den Weg. Hinter ihr Frischlinge, drei oder vier, ich weiß es nicht. Der erste Frischling überschlägt sich – es sind nur zwanzig Schritt –, schon will ich den nächsten fassen, da sehe ich mit „einem Auge" die Silhouette einer gröberen Sau. Die ganze Rotte ist jetzt in rasender Flucht etwas abgebogen. Da kommt das letzte Stück, ein Keiler. Auf meinen Schuß, schrotmäßig vorgeschwungen, überschlägt er sich und bleibt schlägelnd liegen. Während ich schnell nachlade, segeln vier Häher dreist über mich hinweg. Die beiden Sauen rühren sich nicht mehr ...

Ich gehe vorsichtig zum Keiler. Es ist ein zweijähriger Basse, sehr stark im Wildpret. Der Schuß hat ihn zwischen Teller und Licht gefaßt. Die Kugel ist halt schneller als die Schrotgarbe. Der Frischling hat die Kugel mitten am Blatt.

Es gibt ein großes Hallo, als die Kameraden kommen. Vorn wurde nur ein Frischling geschossen, und ein Überläufer ist angeschweißt. Ein Fuchs, drei Hasen sowie ein Hahn und ein Häher sind gefallen. Der eine Jäger überreicht die Brüche, der andere geht zur Försterei, um den Rauhaardackel zur Nachsuche zu holen. Wir nehmen noch einen Waldtrieb, der sechs Hasen und einen Fuchs ergibt. Ich habe einen Hasen vorbeigeschossen. Dann ist es finster.

Blau zieht die Kälte des Abends über das stille Gelände. Über den Senken und den nassen Wiesen ist Nebel aufgezogen, trocken ächzen die Äste im aufkommenden Frost. Vor dem alten Haus stehen wir entblößten Hauptes und ehren die Strecke des Tages. Die bunte Strecke eines Novembertages – in schöner, längst vergangener Zeit.

Abschied und Anfang

Letzte Jagd in Csákberény

Das Jahr 1944 war für mich das Jahr, in dem ich „erwachsen" wurde, gleichzeitig aber auch das Jahr des Abschiedes von der Heimat. Meinem Jahrgang blieb die besonders raffinierte Tortur vorbehalten, noch ein wenig mit vollem Bewußtsein am „schönen Leben" mitzunaschen, um dann plötzlich und unwiederbringlich ade sagen zu müssen. Ich glaube, keiner von uns hat diese Zäsur ganz ohne Knacks durchgehalten. Doch nun zur Sache: Seit dem Sommer waren in Schloß Csákberény deutsche Transportflieger einquartiert, die zu jenen Geschwadern gehörten, die mit ihren Ju 52-ern Stalingrad und später Budapest aus der Luft zu versorgen hatten. Kommandant dieser ausgezeichneten Elitetruppe war der Neuruppiner Major Penckert, ein leidenschaftlicher Jäger. Auch die Offiziere seiner Truppe waren durchwegs nette und anständige Leute, die uns viel Ärger mit anderen Einheiten ersparten und auf jede Weise behilflich waren. Mit der Zeit haben wir uns mit diesen Soldaten angefreundet, ich sage „mit der Zeit", denn wir konnten die Tatsache niemals vergessen, daß die Deutschen am 19. März 1944 Ungarn mit Gewalt besetzt hatten.

Am 4. Dezember 1944 wurden die Wünsche durchfahrender Truppen um Verpflegung so intensiv, daß Major Penckert meinem Vater den Rat gab, eine größere Jagd abzuhalten, dort und so, wie wir es haben wollten, um Wild auf Reserve für die Truppen zu Verfügung zu haben. Er meinte, ansonsten würde das freie Wildern im Wald nicht aufzuhalten sein. Was blieb meinem Vater anderes übrig, als einzuwilligen. Töricht und uninformiert wie man war, hoffte man immer noch, wenigstens einen Teil des Wildstandes retten zu können, obgleich die russischen Panzer 60 Kilometer weiter mit laufenden Motoren standen und das Frontgetöse deutlich zu hören war.

Vater lädt noch den in Môr stationierten Onkel Hansi, dann Peter Keglevich und Antal Zichy ein, vielleicht zerstreut dieser Tag den Freunden ein wenig die allzuberechtigten Sorgen. Penckert stellt 35 Mann Treiber zu Verfügung und außer ihm nehmen noch 5 Offiziere der Luftwaffe teil. Die trübe Dezembersonne blinzelt durch die entlaubten Äste, als wir zu dieser letzten Treibjagd aufbrechen. Der Boden ist nur an seiner Oberfläche gefroren, über Mittag taut es stark, doch liegt der erste Schnee in den Gräben und in den schattigen Stellen des Waldes. Öhlmann hatte uns an gewohnter Stelle erwartet, seine Hilfsjäger sind vollzählig an der Front. Zuerst werden beim Lapos und den Zámolyer Feldern 3 Kessel genommen, die wegen der wenigen guten Schützen gar nicht besonders gelingen. Es sind aber recht viele Hasen vorhanden. Das Jagdfrühstück wird im Meierhof Laja-Puszta eingenommen. Während wir unser Wurstbrot essen und Oberzahlmeister Ernst Ogiolda die Flasche mit französischem Cognac kreisen läßt, — plötzlich ein furchtbares Getöse und 20 Meter über uns brausen zweirümpfige, amerikanische Lythning-Flugzeuge vorbei. Ihre „Nasen" sind rot, und durch die Scheiben des Cockpits sehen wir die Piloten sich nach uns umsehen. Der eine scheint eindeutig ein Neger zu sein. Sie fliegen weiter, obgleich ihnen die größere Ansammlung deutscher Soldaten nicht entgangen sein kann. Gleich darauf hören wir es am nahen Feldflugplatz Forna knallen und detonieren. Nun nehmen wir doch Deckung und wirklich kommen die Flieger nach einigen Minuten dieselbe Route zurück, als ob sie uns suchen würden. Doch ohne Schuß passieren sie uns und entschwinden im Westen. Wir jagen weiter. Die Triebe „Kisvölgy, Dallos und Sándor" werden nach alter, klassischer Art gejagt. Treiber und Schützen sind zum Teil schlecht, das Resultat dementsprechend. Es ist etwas nach vier Uhr, als Öhlmann die

Strecke verliest: 184 Hasen, 146 Fasanen, 1 Fuchs und 5 Diverse. Zusammen: 336 Stück, Waidmannsheil! – Militärisch stramm stehen die Treiber, die Offiziere salutieren, wir Zivilisten haben alle Tränen in den Augen. Das untrügliche Gefühl, – in schicksalhaften Tagen entstanden, – sagt uns: dies ist ein Abschied für immer.

Zu Hause wird wie immer ein Jagddiner serviert. Im großen Speisezimmer mit seinen prachtvollen jagdlichen Wandgemälden des Künstlers Franz Lamberg findet jeder Gast eine Menü-Karte vor. Noch einmal werden die Streckenlisten mit dem Bild von Csákberény und der Einzelstrecke eines jeden Schützen verteilt. Uralte Weine aus den Kellern werden hervorgeholt. Man lächelt, man prostet sich zu, versucht Haltung zu bewahren. Die Soldaten sind ernster als sonst, denn sie wissen Bescheid. Ihr Weg führt von der Wolga zu uns, sie kennen die Zukunft besser. Spät abends trennen wir uns von unseren Freunden, die von deutschen Wägen heimgeführt werden. Und nun beginnen für uns hektische Tage. Noch sind die Speicher voll und auch die Ställe sind nicht leer. In den Kästen hängen die Kleider und Anzüge. Perserteppiche dämpfen die Schritte, überall stehen Porzellan und Silbergegenstände herum. Auf dem langen Gang sind die Barockkästen mit wertvollen Sachen angefüllt, obgleich das allerwertvollste längst vergraben ist, so auch die meisten Waffen. Ein deutscher General der Infanterie erscheint und bezieht Quartier. Sein Adjutant ist Oberleutnant Detlev Müller-Using, der bekannte Jagdwissenschaftler. Neue Soldaten kommen, dazwischen immer Gäste, Flüchtlinge, Quartiersucher. Manche benehmen sich, als wäre tiefster Frieden, andere sprechen vom Weltuntergang. Man muß sie alle bewirten, mit ihnen reden, nett zu ihnen sein. Unsere Angestellten, deren Instinkt am unverbrauchtesten ist, befinden sich ausnahmslos in alkoholisiertem Zustand. Auf sie kann man sich nicht mehr verlassen, und wenn schon, so sind sie selbst keine Hilfe, eher hilfebedürftig. Sie fühlen, was kommt. Pausenlos folgen nun Einquartierungen, und auch mit dem

Requirieren von Vieh wird begonnen. Dabei „gelingen" uns, mit Hilfe unserer deutschen Freunde manche „Bravourstücke". Das eine oder andere Stück wird gerettet, entgeht der Verschleppung. Natürlich ist die allgemeine Lage für Diebe und Einbrecher ideal, vieles wird gestohlen, doch wir merken es kaum. Am 10. Dezember verlegt die eine Staffel der Transporter zum Flugplatz Pápa, die andere soll am 11. nach Bábolna starten. Noch früher als erwartet brechen die Russen die Front durch, und wir entschließen uns zur Flucht. Da die Straßen blockiert sind, bietet uns Major Penckert Platz in seinen Maschinen an. Der Frontlärm wird vom Dröhnen der großen Transportmaschinen übertönt, deren Motoren zum Entfrosten laufen. Endlich starten wir. Unten stehen weinend die Getreuen und winken. Eine Schleife über das Dorf, ein letzter Blick auf das Schloß, dann geht es über unseren Wald nach Nordwesten. Wir fliegen im Tiefflug über die Kuppen des Vértesgebirges, über unser schönes Revier. Unter uns sehe ich eine Rotte Sauen im Csonkabükk, dann einige Rehe und im Buchwald von Kápolna auch einige Zivilisten, die sich abducken. Endlich landen wir am Flugplatz Bábolna, am nächsten Tag fahren wir nach Ikrény, dem zweiten, westlicher gelegenen Besitz. Hier weiß man noch nichts von der Front, hier hofft man noch auf Wunder. Und die Hauptjagden des Jahres stehen noch bevor.

Entenstrich bei Kanonendonner

Die Wiesen waren grün und später bunt geworden, winzig kleine Blümlein bedecken die Sümpfe. Ikrény war praktisch durch Hochwasser von der Umwelt abgeschnitten, nur noch ein einziger Damm war frei. Wieder einmal hatte die Raab das Überschwemmungsgebiet (Hullámtér) überflutet. Auf der Straße nach Wien und Ödenburg brummten die zurückflutenden Lastwagenkolonnen ohne Unterlaß, ohne Pause. Doch auch ein anderes, unheimlicheres Brummen mengte sich dazu. Es kam vom jenseitigen Ufer der Raab, wo einzelne russische Panzer tief in das Verteidigungsgebiet eingedrungen waren und aus allen Rohren schossen. Stundenlang hallten Detonationen in die Abendstimmung des erwachenden Frühlings hinein. Ungarns Agonie war in vollem Gang.

Alle Ortschaften um Györ und auch Ikrény waren von Flüchtlingen vollbesetzt. Die Leute schliefen teilweise im Freien. Es herrschte bereits Hungersnot, denn die Vorratslager wurden gesprengt, das Vieh weggeführt. Wieder einmal mußte also die Jagd „herhalten", um die Bevölkerung zu ernähren, und ein Teil dieser Aufgabe wurde uns, meinem Bruder Max und mir, übertragen. Und zwar mir offiziell von militärischer Seite aus, denn ich war seit einigen Tagen „eingezogen" worden, da ich ja 18 Jahre alt war. Der höchste Offizier im Abschnitt Ikrény, ein Fähnrich (die höheren Chargen waren bereits viel weiter westlich) erteilte mir den dienstlichen Befehl, für die Truppen Enten zu schießen. (In Ungarn war damals sogar noch Schußzeit.) Einen besseren Befehl hätte man mir nicht erteilen können. Früh und abends gingen wir auf Entenstrich und lieferten unsere Beute dem schlecht versorgten Militär ab. Dieses ergänzt seine Verpflegung mit Fischen, die mit Handgranaten „erbeutet“ wurden. Auch am letzten Tag, als die Geschütze beängstigend nahe brüllten, machten wir uns auf den Weg. Auf dem schmalen Steig zwischen der toten Raab und dem Überschwemmungsgebiet gingen wir der Halbinsel zu. Drei Meter breit war die schmalste Stelle, die wir passieren mußten, und auch hier reichte das Wasser bis an die Knie.

Der Tag war lau, und trübe gähnte uns der faulige Sumpf entgegen. Ein Teil der Felder war ebenfalls überflutet.

Wir hatten uns etwas verspätet. Die blau-rosa Kulissen des Himmels färbten sich langsam ins Gelbliche.

Mein Bruder Max ging auf seinen gewohnten Platz neben dem Damm, gerade dort, wo die tote Raab ihre letzte große Biegung macht. Ich stellte mich, weil ich Gummistiefel anhatte, so weit als möglich in den Sumpf.

Schon beim Anstellen waren einige Enten aufgestanden, die nun in beträchtlicher Höhe über uns zurückstreichen wollten. Ich folge ihnen mit den Augen, da knallt es drüben. Eine überschlägt sich, sucht mit den Schwingen Halt, dann fällt sie immer schneller und saust mit einem heftigen Klatsch ins Wasser. – Bravo! – rufe ich, und schon höre ich meinen Bruder ins Wasser waten.

Da ... ein Schwarm Krickenten ist hochgeworden. Niedrig, schnell und wendig kommen sie gerade auf mich zu. Es ist noch so licht, daß ich gegen das Wasser oder den Boden schießen könnte, aber zu gefährlich; Max, der in derselben Richtung seine geschossene Ente sucht, denkt ebenso.

Schon sind sie aber da. Ich fahre auf. Eine blitzschnelle Bewegung, eine noch schnellere Wendung und sie sausen fast aneinanderstoßend steil in die Höhe. Der erste Schuß geht darunter, auf den zweiten fallen zwei, und eine dritte sondert sich ab, streicht langsam, wird immer niedriger, dann entschwindet sie meinen Augen.

Langsam kommt die Zeit des eigentlichen Striches. Ich habe die zwei wunderschönen Krickerpel aufgeklaubt und lege sie neben mich hin. Heute ist es mir sehr wenig nach

Frühlingsstimmung zumute. Im Norden liegt das kleine Dorf Ikrény im letzten Abendrot, unser Zuhause seit der Flucht aus Csákberény. Das Örtchen ist überfüllt, es sind auch Flüchtlinge aus Csákberény und Zámoly dabei, so der Tischler Bruno und Oberjäger Öhlmann. Was sie von zu Hause berichten, erfüllt uns mit Sorge und Schrecken. Csákberény ist fast völlig zerstört, drei Monate wogten die Kämpfe hin und her. Und nun? Seit dem 16. März stürmen die Armeen Marschall Tolbuchins unaufhaltsam der österreichischen Grenze zu. Wir müssen weiter. Die Pferdewägen sind für 10 Uhr abends bestellt, vollbepackt haben wir sie schon gestern. Dann geht es los, wer weiß wie lange, wer weiß wohin ...

Die Jäger, speziell die Meran'schen, sind doch seltsame Leute denke ich. Alles geht drunter und drüber. Alles, bis auf die Thermosflaschen und Becher, ist eingepackt, zur Abfahrt bereit. Und wir gehen auf Entenstrich, als ob nichts wäre!

Die ersten Enten kommen. Es sind fünf, und ich höre es deutlich: Stockenten. In elegantem Schwung wollen sie vor mir einfallen. Ich bin bereits im Anschlag. Dieser Schuß ist der schwerste. Doch da kommen von hinten wieder einige. Ich fahre zurück: Bautz! Die erste plumpst vor meine Füße, ich reiße das Gewehr herum, die letzte des ersten Schoofes fällt geflügelt auf den Weg. Aufgemacht, schnell eine Patrone in den rechten Lauf. Paff! Auch diese liegt.

Nun wird es aber lebendig. Mein Bruder doubliert zweimal, da kommt schon eine einzelne ganz niedrig. Zu tief ..., da, jetzt hebt sie sich ..., Teufel! Versager ..., der zweite Schuß geht daneben. Wieder eine, aha, das sind Spießenten, ich sehe es an ihrer Silhouette, sie kommen hoch, es ist verdammt finster, beim Mitfahren verliere ich sie aus den Augen. Nur vorhalten. Oben greifen die Schrote, dann pfeift es wie bei einem Luftangriff, und mit einem Knall fällt der Erpel maustot in den Sumpf. Das ist eine Freude.

Mein Bruder schießt, aha, dort planscht es ebenfalls.

Noch immer streichen die Enten wie verrückt, aber man sieht sie nur gegen den westlichen Himmel. Ein Pärchen kommt in geringer Höhe. Der erste Schuß, auf die vordere gezielt, trifft den Erpel, der zweite, den ich in die Dunkelheit nachwerfe, wird mit einem Plantsch quittiert. Die muß bei meinem Bruder gefallen sein... „Ich hab sie schon", brüllt er. Eine Tafelente. So, jetzt müssen wir die Enten aufklauben.

In der Ferne blitzt es ein paarmal, der Himmel ist im Osten rot, undeutlich dumpf hallt uns das Frontgetöse entgegen. Scheinwerfer greifen auf der Chaussee gegen Westen, deutsche Panzer rücken ostwärts, von weitem hört man undeutliche Schreie. Flüchtlingskolonnen.

Wir haben 13 Enten aufgeklaubt. Sechs Arten sind darunter. Nur die verschossene Krickente können wir nicht finden. Der Mond ist klar wie im Winter und die langen Schatten der Pappeln und Weiden liegen weit auf der Spiegelfläche des Sumpfes. Dann taucht der Meierhof auf, das alte Jagdschloß und der Gemüsegarten, den wir voll Hoffnung noch selbst bepflanzt hatten.

Mein Weg führt mich zum Gebäude der Militärkommandantur. Dort ist aber schon niemand, das Gebäude ist leer. Nun trage ich die Enten in unsere Küche. Hier herrscht unbeschreibliches Durcheinander. Man sieht uns an, man drückt uns die Hände, man weint. Die Enten beachtet man nicht. Keifende Frauenstimmen, trockene Kehlen — die erfrischt werden müssen —, trampelnde Pferde, fluchende Männer. Das selbe wiederholt sich, wie vor 3 Monaten in Csákberény. Hoch oben summt eine „Nähmaschine" der Russen, dann kracht es irgendwo. Über der ungarischen Puszta steht drohend der Sensenmann, und eine andere, eine grausige Jagd nimmt ihren Fortgang.

Noch haben wir so viel Zeit um uns gehörig zu laben und zu kräftigen, die Gewehre werden in die alten Kasetten verpackt, dann wird eingespannt und die Nacht sieht uns bereits mit drei Pferdewagen — eingereiht in endlose Flüchtlingskolonnen. Das Frontgetöse hat vorübergehend aufgehört. Hinter dem Pappelhain hören wir Entengeschnatter.

Am nächsten Tag verlassen wir Ungarn.

Der Russenbock

Es war im Juni 1945 im Brandhof. Ein Teil meine Familie – die Eltern, mein Bruder Max und ich – war am 9. Mai unter russische Besetzung gekommen, während der andere Teil in die westliche Besatzungszone gelangte. Was es bedeutete, 1945 in einem Schloß auszuhalten, welches ohne Abzäunung direkt an der Bundesstraße liegt, auf welcher vom 9. Mai bis 25. Juli ca. 60.000 russische Soldaten vorübergezogen sind, ohne länger als einen Tag anzuhalten, ohne Kommandantur, anfangs ohne einen einzigen Angestellten und fünf Kilometer vom nächsten Ort entfernt, das kann man sich heute kaum mehr vorstellen. Sämtliche Vorräte waren schon am ersten Tag verschwunden, das Vieh zum Teil vernichtet, zum Teil im Wald verlaufen, die angebauten Kartoffeln blühten gerade, und sonst gab es nichts als Saurampfer in der Wiese zur Almhütte hin. Kein Mensch wußte, was die Zukunft bringen würde. Wir waren völlig von der Außenwelt abgeschnitten, Post funktionierte nicht. In die Ortschaft Gollrad getrauten wir uns nicht zu gehen. Wenn die Soldaten durch lautes Rufen und Klopfen Einlaß begehrten, und dies geschah täglich, manchmal sogar zehnmal im Tag, versuchten wir sie wie Museumsdiener herumzuführen. Das half in den meisten Fällen, denn im Brandhofer Schloß befindet sich tatsächlich ein Museum, und die Russen interessieren sich für das Museumswesen. Freilich war dies nicht ganz leicht, denn wir selbst hatten ja alle Wertgegenstände in ein abseits gelegenes Zimmer geschafft und dieses zugemauert, im Museum waren daher nur Attrappen. Unsere Erfahrungen in Ungarn haben damit den Brandhof praktisch gerettet, denn irgendwelche Vorkehrungen waren dort nicht getroffen worden. Auf Waffen stand Todesstrafe, dies war überall plakatiert und die Russen betonten es. – Wir nahmen es trotzdem auf uns, einen Teil der Waffen im Wald zu verstecken und nur den „Ramsch" abzuliefern. Großpapa saß in Salzburg. Ihm wollten wir seine geliebten Gewehre bewahren. Dies war ein großes Risiko, denn die Russen der ersten Wochen waren nicht zimperlich.

Eines Tages fand ich nach Abzug von 70 weiblichen Soldaten, die eine Nacht im Schloß verbracht hatten, neben dem einen Bett einen Militärkarabiner ungarischer Herkunft, 8 mm, Jahrgang 43. Er war vergessen worden. Ich schob ihn unter das Bett. Nun wartete ich einige Tage, und als ich sah, daß niemand zurückkam, wickelte ich die Waffe in einen Wettermantel und brachte sie zusammen mit meinem Bruder in den Wald. Dort wurde sie unter dem Fußboden der einen Holzknechthütte versteckt. Militärpatronen lagen überall herum, auch davon wurden genügend sichergestellt. Das Plakat mit der Androhung der Todesstrafe war unter anderem auch an dieser Hütte befestigt.

Die ganze Zeit über durchstreiften Militärpatrouillen die Wälder und Almen. Man suchte Kriegsverbrecher in abgelegenen Almhütten. Um sich Mut vor eventuellen „Wehrwölfen" zu machen, warf man ab und zu Handgranaten und schoß ab und zu Salven aus der „Dawaigitarre".

Wir lebten von der gelegentlichen Mildtätigkeit vorüberfahrender Truppen und von Sauerampfer. Das war alles. Der Hunger war unbeschreiblich, und keine Aussicht auf Besserung winkte. Lebensmittelkarten bekamen wir als „unerwünschte Ausländer" von der damaligen Behörde nicht.

Da entschloß ich mich zu handeln. Während mein Bruder Max und der damals zu uns gestoßene Hansl Hoyos es schon seit Tagen erfolglos mit einer alten Armbrust aus dem Museum versuchten, ging ich, ohne etwas zu sagen, an einem Morgen bei Dunkelheit in den Wald. Unter meinem Wettermantel hatte ich den handlichen Karabiner und birschte über dem Brandhof Richtung Alblmäuer steil hinauf. In

Gollrad lagerten 2000 Russen, und in Seewiesen lag eine Transportabteilung. Am Brandhof, der zwischen diesen beiden Ortschaften liegt, fuhren Tag und Nacht Russen vorbei, teils mit Jeeps, teils mit Lastautos, teils mit Pferdewägen, teils mit Fahrrädern. Auch gab es Tag und Nacht Patrouillen zu Fuß, die sich meist an die Straße hielten. Bei erster Dämmerung war ich am Schlagrand. Vor mir äste eine Gais, sie war nicht weiter als 20 Gänge entfernt. Soll ich, soll ich nicht? Der vom Hunger diktierte Urtrieb kämpfte gegen die eingebläute Disziplin. Die Kugel blieb im Lauf. Eine halbe Stunde saß ich dort, lange nachdem die Gais abgesprungen war. Etwa 500 Meter weiter unten zogen singend Soldaten vorbei. Auf der Seite gegenüber, bei der Fladenalm hörte ich das Rattern der Maschinenpistolen. Da trat auf etwa 150 Schritt am oberen Schlagrand ein Reh heraus. Ich hatte kein Glas, doch sah ich auf den ersten Blick: ein älterer Bock. Den wollte ich haben. Auf einen modrigen Baumstrunk legte ich meinen Wettermantel, stellte das Absehen auf 150, zielte von unten hinauffahrend sorgfältig aufs Blatt und ließ dann fliegen. Nach einem auffallend schwachen Rückstoß dröhnte das Echo über Berg und Tal und wollte kein Ende nehmen. Instinktiv duckte ich mich und wartete 5 Minuten. Dann hielt ich es nicht mehr aus und ging zu meinem Bock, einem alten Gabler. Unten sangen die Soldaten noch immer. Der Bock wurde aufgebrochen und das Gewehr vorerst sorgfältig versteckt, dann schlich ich mich in das Haus zurück. Die Eltern wußten von nichts. Der Tag verlief mit Schutträumen und „Russenführen". Kaum konnten wir die Dunkelheit erwarten. Noch draußen wurde der Bock zerwirkt und dann neben der Küche in der Badewanne verstaut. Das war ein Schauen und eine Freude! Noch in der Nacht wurde eine Keule gekocht. Herrliche Gerüche breiteten sich aus. Aus einer alten Russenkonserve wurde etwas ranziges Fett sichergestellt. Heißhungrig taten wir uns an diesem unverhofften Braten gütlich. Keiner sprach, alles aß mit dem tierischen Ernst der Urzeit.

Da klopfte es ans Fenster.

„Aufmachen! Aufmachen!"

Mißtrauisch kommt ein russischer Hauptmann herein. Er schnuppert. Er geht ins Badezimmer, sieht das Fleisch. Ich fange zu schwitzen an.

„Woher haben Sie das?" Seine Stimme ist ruhig.

„Gute russische Soldaten uns haben gegeben." Meine Mutter hat die Antwort bereit. „Wollen Sie auch etwas?"

Der Kapitän setzt sich, aus dem Jeep werden zwei Fettkonserven gebracht, die er uns verehrt, er kostet vom Fleisch, gibt uns noch eine Flasche Plattenseer Weißwein und fährt augenzwinkernd davon. Unsere Familie hatte tagelang reichlich zu essen. In der Folge schoß ich noch zwei Böcke und ein Murmeltier, und am 28. Juli marschierten die Engländer ein. Innerhalb einer Woche bekamen wir dann Lebensmittelkarten und, o Wonne: Jagdscheine . . .

Einer vom Gebirg

Steil und weiß glänzten die Felsen am Saume der Schluchten als wir durchnäßt vom Gewitter die Hütte erreichten. Hier oben regnet es fast täglich um diese Zeit, aber die Augustsonne verjagt die Nebel, die über den glitzernden Gipfeln hängen.

Glucksend und murmelnd schlängelt sich das Bächlein dem Tale zu, wird zum reißenden Strom, doch am Abend ist meist alles wieder in Ordnung. Neue Nebel steigen auf, um später wieder Regen zu bringen. Doch in der Nacht strahlen die Sterne, wie es nur im Gebirge möglich ist.

Es war am Ende der Rehbrunft im Jahre 1945, einige Tage nach der Befreiung durch die Tommys, als ich mit Revierjäger Adam Breitler die Hütte verließ, um über die Serpentinen auf die Fölz-Alm zu birschen. In meiner Tasche ruhte stolz der neue Jagdschein der Engländer und nach schwersten Zeiten mit ungewisser Zukunft war dies meine erste „legale" Birsch nach dem Kriege.

Das Blatten hier oben im Latschenmeer mit unbeschreiblicher Aussicht in klarer Luft, daß Worte fehlen um sie zu beschreiben, diese Ruhe, nur selten vom kupfernen Läuten der Kuhglocken unterbrochen, das war für mich die Erfüllung meiner Träume, Erholung und wahre Befreiung.

Kleine Wolkenfetzen jagen dahin, als ob sie wüßten um ihre Kraft, in kürzester Zeit den Sommer zum Winter zu machen, ich sehe ihnen nach und meine Gedanken überfliegen die Täler.

Hier in der Jagd meines Großvaters am herrlichen Brandhof wurden vor dem Kriege die weltberühmten Gamsriegler abgehalten. Jagdtage an denen geerntet wurde, um das Revier dann

Jahre lang nicht zu beunruhigen. Dort die Bruch und die Kämm, hier unter mir die Stangen, weiter der Wetterkogel und die Pera. Alles Jagd-Gebiete und Namen von Gamstrieben die sich seit Erzherzog Johann nicht geändert haben. Wird wieder Friede werden, kann ich je wieder diese einmaligen Jagden erleben? Am Stand von Großpapa oben auf der Fölzalm blatte ich. Zunächst leise, dann eindringlicher. Nichts rührt sich. Neben mir auf dieser grünen Wiesenmatte viele Blümlein, saftige Kräuter. Sie sind noch naß von Regen und Tau und dämpfen die Schritte. Da sehe ich halblinks eine Bewegung. Auf etwa dreihundert Gänge zieht halbverdeckt ein Bock. Eine ganze Weile muß ich mit dem Glas suchen, bis ich ihn wieder sehe. Diesmal elektrisiert es mich gewaltig. Ein Abnormer! Ungleiche, dunkle, verbogene Spieße, ein starker Träger, ein schneeweißes Haupt. Soll ich den Schuß wagen? Ich hebe den alten 8-mm-Mannlicher, lasse ihn aber niedersinken. Unmöglich, es muß noch weiter sein. Jetzt steht er breit auf einem schmalen Felsen in einem Gäßchen, als wär's ein Gams. Da erscheint unweit von dort, wo er früher gestanden, ein junger Sechser und äugt zurück. Sofort kommt Leben in den Alten und er prescht hinterher, wie ein geölter Blitz. Jetzt sehen wir, daß der Bock einen Lauf schont. Bald läßt er vom abgesprengten Sechser ab und zieht dem Hang zu. Wie ich ihm nachbirsche mit halbem Wind, wird er immer schneller und zieht geradewegs auf die steile Leiten hinaus. Ich verfolge ihn mit dem Glas. Er zieht über den Gamswechsel, wird immer kleiner, verschwindet manchmal, jetzt hat er die Schütt überquert und nimmt die steile Lahn langsam, aber zügig an.

Es ist ein ganz heimlicher, ein ganz schlauer. Auf den Ruf reagiert er gar nicht. Ist seine Gais vielleicht dort oben? Ganz hoch, dort wo die obersten Latschen den Boden bedecken und immer schütterer stehen, wo schon gelbgrünes Alpengras wächst, wo Steingeröll und schneeweiße Rinnen aus den Latschen kommen, um sich am Saume des Gipfels zu verlieren, tut er sich nieder. Er ist von hier aus gut zu sehen, es können etwa 500 Gänge sein. Soll ich da hinaufbirschen? Adam meint, ich sollte von rechts den Bock in der steilen Rinne umgehen, dann noch höher hinaufsteigen und ihn zuletzt von oben anbirschen. Als Plan gar nicht so übel. Aber ob es gelingen wird? Der Jugend scheint nichts unmöglich.

Adam bleibt unten und weist mich ein. Erst als ich über die Schütt hinaus bin, merke ich, wie hoch diese Latschen sind. Ich gehe langsam und bedächtig. Ganz kleine Steine rollen zu Tal, ein guter Gamsbock verhofft auf 20 Gänge. Ich drücke mich vorbei. Nun werden die Latschen etwas niedriger. Der Schweiß rinnt mir in Bächen über das Gesicht. Adam ruft von unten, daß ich nun bald in die Höhe des niedergetanen Bockes komme. Die Situation ist komisch. Adam schreit unten mit gutem Gewissen, denn der Bock kann ja gar nicht höher. Tut er das, muß ich ihn sehen. Wie es sich herausstellt, stört ihn das Schreien vom Tal aber gar nicht. Nun biege ich ein. Dann raste ich. Meine Augen schweifen zur Beruhigung in die unendliche Ferne der Gipfel, die in der Sonne so naß wie Eisberge glänzen. Da hinter dem Seeberg liegt der Brandhof, das Stammschloß meines großen Ahnen, Erzherzog Johann. Es hat den Sturm des Krieges überstanden. Die Welt hat sich unendlich geändert. Doch nicht die Berge, nicht die Almen und nicht das Leben.

Mit größter Vorsicht birsche ich näher. Die etwas schütteren Latschen sind immer noch meterhoch. Ich sehe nicht weit. Adam gestikuliert und schreit:

„Jetzt san S' genau über eahm."

Ich schaue — und sehe gar nichts.

„Ja, sehen S' net? Auf zehn Meter unter Eahna sitzt er."

Adam wird ungeduldig, ich aber bin still. Jetzt muß ich mir Zeit lassen.

Neue Nebelfelder drohen vom Wetterkogel herüber. Drei Stunden sind vergangen. Langsam muß ich handeln. Da greife ich zur letzten Möglichkeit. Kurz entschlossen steige ich auf einen dicken und leicht gekrümmten Latschenast, der über einem kleinen Felsen schwebt. Von dort aus muß ich den

Bock unbedingt sehen. Mit dem Knie umklammere ich einen Seitenast, gebe Gegendruck mit dem rechten Fuß. Nun schwankt es tüchtig. Ich recke den Hals. Da sehe ich ihn und er mich. Mit einem Ruck ist er hoch. Ich ziele unter dem Fernrohr. Schon dröhnt der Schuß . . .

Wie er verschwindet, schwenkt Adam im Graben den Hut. Waidmannsheil! Jetzt höre ich ihn brechen. Dann ist es still.

Gute 50 Schritt weiter unten hängt er verendet in den Latschen. Der Einschuß Hochblatt, Ausschuß etwas tiefer. Das Gehörn eine seltene Abnormität. Am rechten Vorderlauf eine etwa 5 Zentimeter tiefe, vereiterte Wunde.

Besonders freute ich mich über Adams Lob: „Sö san a zacher Jager!" Schlagartig fällt nach der Überreichung des Bruches der Nebel ein. Oben zieht er sich zusammen, unten ist die Aussicht noch klar. Also kommt heute das tägliche Gewitter früher als erwartet. Es brodelt in den Schluchten, überwältigend ist die Aussicht, unheimlich das ferne und immer näherkommende Grollen.

Längst sind wir unterwegs und eilen, so schnell es geht, die Serpentinen hinunter. Beim Franzosenkreuz erreicht uns der Regen. Wir ziehen uns geschickt in eine Art Höhle zurück und warten dort das Wetter ab. Adam erzählt von vergangenen Tagen, als er mit Großpapa birschte, wir sprechen von ferner Zukunft und von alten Zeiten, die jüngste Vergangenheit erwähnen wir nicht.

Als wir endlich aufbrechen, um nach Seewiesen zu marschieren, glänzt der Gipfel rotlila in der Sonne des Nachmittags. Ein Gefühl echter Freude erfaßte mich.

Ich glaube wieder an die Zukunft.

Seltsame Wilderergeschichte

Ende 1945 waren Bruder Feri und ich mit einem Heimkehrertransport nach Ungarn zurückgekehrt. Die Familie blieb in Österreich. Während die Eltern Arbeit fanden und auch die älteren Mädchen in Stellungen waren, gingen meine jüngeren Geschwister in die Schule. Feri und ich aber wollten in Csákberény eine neue Existenz aufbauen, uns an die Scholle klammern, bis „normale Verhältnisse" entstanden waren. Inzwischen wurden alle unsere ungarischen Besitztümer entschädigungslos enteignet. Selbstredend auch die Häuser und das Mobilar, man hatte ganze Arbeit geleistet. Ich war 19 Jahre alt und die ungewissen Zeiten nahmen kein Ende. Das Schloß war zwar durch Artillerie am Dach schwer beschädigt, doch standen seine Fassaden noch. Innen war es bis auf die nackten Mauern fein säuberlich ausgeplündert. Als wir ankamen, wußten wir nicht, wo wir schlafen sollten. Der alte Pfarrer, immer noch derselbe, stellte uns spontan ein kleines Kämmerchen in der Pfarre zur Verfügung, unser „Diener" wurde der Mesner. Kein Quadratmeter war mehr unser Eigen. Zunächst schliefen wir am Boden, dann wurden uns nach und nach Reste unseres Mobilars zurückgegeben. Wie man sich in einer solchen Lage in diesem Alter fühlt, das überlasse ich der Phantasie des geneigten Lesers. Der einzige Trost in diesen Zeiten waren die Menschen unseres Dorfes. Sie halfen uns, wo sie konnten, brachten uns Lebensmittel, wollten uns sogar ihre neu bekommenen Parzellen zurückgeben. Unsere Heimkehr hatte sie mit Hoffnung erfüllt, denn sie hatten im Krieg schreckliches mitgemacht. Die Front hatte sich, wie schon erwähnt, hier 3 Monate stabilisiert... Der Pfarrer verköstigte uns zwar, doch waren seine Einnahmequellen gering, seine Möglichkeiten minimal. Der Winter 1945/46 war außerdem versorgungsmäßig eine wahre Katastrophe, denn die wenigsten Bauern hatten angebaut. Schwarzhandel florierte, und einzelne Bauern, Müller, Bäcker brachten es in dieser Zeit zu vorübergehendem Reichtum.

Die ersten Tage verbrachten wir damit, weggeworfene und durch Erdreich verdeckte Trophäen vor unserem Schloß auszubuddeln und zu sammeln. Manch eine bekannte Trophäe tauchte auf und verursachte Freude wie eine Erbeutung. Unser kleines Zimmer in der Pfarre glich bald einem Jagdmuseum besonderer Art.

Der alte Wald umrahmte das Dorf wie eh und je. Schützengräben durchzogen ihn, Leichen lagen in ihm, aber außer einigen Brandstellen und Raubschlägen schien er unverändert. Das Wild allerdings hatte man zu 90 % ausgerottet, ausgenommen die schlauen und anpassungsfähigen Sauen, die sich eher vermehrt hatten. So ersahen wir es aus den Fährten, die bis in die Obst- und Weingärten des Dorfes führten, so erzählten es die Holzarbeiter, die mit Sauen oft zusammenkamen. Das vergangene Jahr war ja für Wildschweine ein günstiges, lagen ja zu tausenden gefallene deutsche, ungarische und russische Soldaten im Wald herum, und daran taten sich sowohl die Füchse, wie auch die nicht sehr wählerischen Sauen gütlich. Noch etwas anderes lag aber im ganzen Wald verstreut. Das waren Waffen, besonders Gewehre verschiedener Provenienz, und Munition in großer Auswahl. Obgleich Todesstrafe auf Waffenbesitz stand, war es doch allgemein bekannt, daß sehr viele Bewohner unseres Dorfes mit Militärgewehren wilderten. Man konnte auch die Schüsse hören, und diese waren nicht von jenen der Russen zu unterscheiden, die auch, gelegentlich in größerer Menge, unseren Wald heimsuchten.

Solche I.-B.-Hirsche gab mir Vater 1944 frei. Seitdem habe ich kaum einen guten Brunfthirsch geschossen.

Die nächste Garnison lag jedoch 12 km entfernt, und man war rechtzeitig informiert, wenn sich waidfreudige Rotarmisten oder auch kontrollierende Militärpolizisten unterwegs in das Dorf oder das Revier befanden. Nun hatten auch wir uns, ohne danach gesucht zu haben, mit der größten Leichtigkeit zwei Militärkarabiner zurechtgelegt, die wir, — denn sicher ist sicher — in der Sakristei hinter dem Barockkasten verbargen. Eines Tages nun hatte der Pfarrer in Verfolgung seiner fetten Katze, die sich an einer Speckseite vergangen hatte, den Tabernakelkasten weggerückt und die beiden sorgsam eingefetteten Karabiner entdeckt. Das Donnerwetter konnte nicht ausbleiben, auch drohte er mit unserer Delogierung, doch plötzlich stellte er ein Ultimatum, das uns die Rede im wahrsten Sinn des Wortes verschlug. „Bringen Sie uns eine fette Wildsau und alles ist vergeben!" — Auf unseren Einwand, daß das Risiko zu groß sei, sagte er nur: „Wenn ein Titulardechant während Ihres Ausfluges für sie betet, kann und darf Ihnen nichts geschehen ..." Der Wald stand — da verstaatlicht, — unter der Oberaufsicht eines Forstmeisters, den mein Vater vor Jahren entlassen hatte und der uns nicht gewogen war. Förster und Heger aber blieben unsere alten Angestellten, die uns bis auf einen einzigen wohl gesinnt waren und uns nicht anzeigen würden. Denn so seltsam es auch klingt, was wir auf des Pfarrers Geheiß vorhatten, war im Sinne des damaligen Gesetzes ganz einfach: Wildern!

Freilich: Moralische Bedenken hatte ich keine. Mit 19 Jahren ist man nicht leicht davon zu überzeugen, daß einem von heute auf morgen alles Eigentum, ich wiederhole: alles, mit „Recht" weggenommen wird. Ich bitte meine lieben Leser, sich nur schön selber genau in dieselbe Lage zu versetzen. Dazu kam ja noch, daß man damals gar nicht so sicher wußte, ob

---

Suhlen waren im wasserarmen Csákberényer Revier eine vielbegehrte Seltenheit.

oder daß Ungarn restlos dem Osten anheimfallen würde. Von den Amerikanern, die 1945/46 eine Militärmission in Budapest unterhielten, hörte man nichts dergleichen. Der große Schacher von Jalta war noch nicht zur Gänze veröffentlicht, und Potsdams Beschlüsse lagen hinter einer Nebelwand.

Zu jener Zeit gab es in Ungarn noch halbwegs freie Wahlen und ein Parlament, wo man (bis zu seiner Verhaftung) völlig frei reden konnte.

An einem schönen sternenklaren Morgen also machten wir uns auf die Beine. Die wenigen Köter, die die drei Monate Front überlebt hatten, waren Kummer gewöhnt und schwiegen. Frisch gefallener Schnee dämpfte unsere Schritte. Aus Vorsicht gingen wir parallel mit den Fahrwegen. Unser Ziel war die große Dickung des Csonkabükk mit seinen zahlreichen Tälern, Schlägen und Lichtungen. Wir rechneten, bei Anfang des Schußlichtes dort einzutreffen. Die Karabiner hatten wir mit festen Schnüren umgehängt. Fünf eingefeilte 8-mm-Militärpatronen waren im Magazin und im Lauf. Jeder von uns hatte wenigstens 20 Reservepatronen mit. Bald kamen wir zum Abkürzungssteig, der uns zur Cseresnyésvölgyer Hütte führte.

Inzwischen hatte es ganz leicht zu schneien begonnen und ein kaltes Lüfterl wehte von der Heublöss herunter. Wir berieten. Feri wollte auf der Höhe des Prybillschlages, ich sollte weiter westlich am Plateau des Csonkabükk vorsichtig vorpirschen. Wenn einer einen Schuß machte, vereinbarten wir, sofort die Pirsch abzubrechen und zusammenzukommen. Gesagt, getan. Nach einer Zigarettenpause trennten wir uns. Kaum war ich 50 Schritte gegangen, hörte ich hinter mir, halbrechts erregte Stimmen, einen scharfen Ruf und einen dumpfen Schlag. Gleich darauf war ich bereits umgekehrt und schlich in guter Deckung mit angeschlagenem Gewehr in Richtung der Laute. Mein Herz schlug hörbar, wußte ich ja nicht, was los war. Dann sah ich Folgendes: Drei Männer standen, der eine von ihnen war Feri, und einer lag am Boden. Daneben lag ein Karabiner und eine geschossene Rehgais. Die beiden anderen Männer hatten unterschiedliche Waffen bei sich. Der am Boden liegende, der Sohn eines bekannten Wilderers früherer Tage, war von Feri niedergeschlagen worden. Sofort hatte ich mich des Karabiners bemächtigt und stellte mich drohend vor die Leute. Die beiden Männer, die vor Feri standen, wirkten ruhig und besonnen, der am Boden liegende wimmerte, Feri brüllte vor Wut: „Eine Muttergais totschießen, wo eh so wenig Wild ist, das ist eine Schweinerei, habt Ihr denn kein Gewissen?" Die beiden kleinwüchsigen Männer mittleren Alters waren nicht etwa erbost oder voll revolutionären Geistes, vielmehr gaben sie uns recht und sagten: „Wir haben es Jani gesagt, aber sie kam ihm so schön, da konnte er nicht widerstehen." Nach langem Hin und Her händigte ich Jani sein Gewehr aus, wir tranken alle miteinander aus einer Pulle Zwetschgenschnaps, rauchten schwarze Russenzigaretten und brachen die Gais auf, die dann hinter der Köhlerbaracke verstaut wurde. Wir beschlossen nunmehr mit Hilfe der Männer, einen Trieb auf Sauen zu machen, wobei die älteren Männer als Treiber, Jani als Schütze fungieren sollten. Es war gerade 10 Uhr geworden. Der erste Trieb war der untere Teil des Pribyllschlages, vom Rand bis zur ersten Mulde genommen. Außer einen Fuchs, der unbeschossen nach links ausbrach, war nichts darin. Dann nahmen wir die große Dickung am Csonkabükk-Plateau. Da es ziemlich vom Norden her blies, wurde der Riegler von Nord nach Süd geplant und die „Treiber" gingen gerade einige Schritte in unsere Richtung, als mit großem Getöse eine Rotte Sauen hoch wurde. Die Sauen kamen zwischen mir und Jani, aber so, daß sie hinter uns auch in Schußnähe von Feri kamen. Sechs Schüsse fielen und zwei Überläufer lagen am Platze. Wer von uns die zweite Sau erlegt hatte, weiß ich nicht mehr, die erste hatte ich mit Hochblattschuß auf etwa 15 Schritt gestreckt. Groß war die Freude unserer Treiber! Wir transportierten zuerst die Sauen etwa einen Kilometer weit weg, wo sie in einer anderen Dickung aufgebrochen und verstaut wurden. Das Jägerrecht bekamen die hilfreichen Treiber. Wir beschlossen, die Sauen in der nächsten Nacht frech mit einem

Bauernschlitten abzuholen. Die sträflich erlegte Rehgais sollte ebenfalls am nächsten Tag geborgen werden. Momentan hatten wir aber andere Sorgen.

Gerade hatten wir es uns nach dem anstrengenden Transport der Sauen im Windschatten der Dickung gemütlich gemacht und unser Jausenbrot mit einigen Schlucken Slibovitz hinuntergespült, die drei Wilderer sprachen gerade gemütlich von alten Saujagd-Zeiten, Jani kühlte seine lädierte Nase mit Schnee – als hell und drohend Maschinenpistolen-Salven zu uns herüberdrangen. Entfernung etwa zwei Kilometer. Russen! Ausgerechnet heute. Und sie bewegen sich in Schwarmlinie über das ganze Plateau verteilt von Süden nach Norden. Der Weg ins Dorf war abgeschnitten. Immer näher kam der „Kampflärm". Längst hatten wir unsere Sauen mit Schnee zugedeckt, die Karabiner in einen alten Fuchsbau verstaut. Dann horchten wir bangend dem Lärm entgegen. Es war etwa 14 Uhr. Schon hörten wir kehlige Laute, brüllende Kommandos. Schon hatten wir uns in die dichteste Dickung zurückgezogen. Die drei einheimischen und die zwei feudalistischen „Wilderer". In berechtigter Angst vor den wahren Wilderern, den Befreiern. Doch plötzlich – sie waren schon auf 300 Meter herangekommen, laute Rufe, einige sinnlose Salven in die Luft –, und die ganze „Armada" macht kehrt und zieht in die Horogvölgy hinunter. Bald hören wir Motorenlärm, und dann ist der Spuk vorbei. Es hat inzwischen so stark zu schneien begonnen, daß die Russen wahrscheinlich um ihre Heimfahrt bangten. Auch unsere Spuren hatte der Schnee gütig verdeckt. Ich sehe in blasse Gesichter, als wir gemeinsam und diesmal waffenlos den Heimweg antreten. Unterwegs treffen wir noch den Revierjäger. Aber, da wir völlig unbewaffnet sind, haben wir keinerlei Scheu vor ihm. Im Dorfwirtshaus sitzen wir noch lange und feiern unsere Errettung. Der Katzenjammer, der darauf folgt, hindert uns aber nicht daran, in der Nacht die beiden Sauen, die Rehgais und die Gewehre zu holen. Die Gais wird aus pädagogischen Gründen zurückgehalten, die Treiber-Wilderer bekommen einen halben Überläufer. Alles andere wandert in die Speisekammer des Pfarrers, der schon mit lüsternen Augen und Appetitfäden im Munde auf uns gewartet hat.

Zum Festschmaus wird der Lehrer, der Arzt und der Forstmeister eingeladen. Die Gewehre liegen wieder hinter dem Tabernakel. Freund Jani aber grüßt seit diesem Tag schon von weitem und seine Mutter sendet uns 10 Liter guten Weines.

Uns stört es nicht, daß auch der aus unserem Weingarten stammt.

Ein Oktobertag

Als ich bei noch völliger Dunkelheit mein Auto abstelle, sehe ich, daß etwas Reif liegt. 25 Kilometer bin ich gefahren, um es an einer besonders guten Stelle der Weststeiermark zu versuchen. Die wenigsten Leute kennen den Frühschnepfenstrich im Herbst, und doch ist dies eine der reizvollsten Jagdarten auf unseren geliebten Langschnabel.

Noch ist der Boden nicht hart, der Reif ist nur eine Andeutung kommender kälterer Tage. Und heute habe ich Glück, es ist kein Nebel. Hinter einer Bodenerhöhung stelle ich mich am Waldeck auf, nachdem ich das Wiesental überquert habe. Im Osten, dem ich zugewandt stehe, eine Art grüngoldenes Scheinen, gegen das sich der reife Mais doppelt schwarz ausnimmt. Ich stehe gespannt und wachsam, denn die Schnepfe streicht lautlos. Bald muß Schußlicht kommen. Die Glocke der nahen Kirche fängt zu läuten an, es ist 5.45 Uhr.

Da sehe ich schon von weitem die erste Schnepfe herankommen, nicht schnell wie am Abend, sondern behäbig, niedrig, vollgewurmt, doch auch nicht langsam. Auf 80 Schritt vor mir biegt sie ab und verschwindet rechts in einer Mulde des Hochwaldes. Und schon ist die zweite knapp über mir, zu niedrig, ich sehe sie nach hinten nicht mehr, dann taucht sie ganz weit auf und fällt am Rande der Dickung ein. Ich warte zwei bis drei Minuten, es wird allmählich licht, da kommen zwei von vorn, etwas höher, direkt über dem Maisacker. Auf meinen Schuß fällt die eine, die zweite taucht weg und ist nicht mehr zu sehen.

Der Strich ist aus – hochbefriedigt gehe ich zum Wagen. Das mitgebrachte Wurstbrot mundet. Als die ersten Sonnenstrahlen durch den fernen Erlenwald dringen, fotografiere ich meine Beute in Farbe gegen den roten Himmel. Wie schön ist doch der Sonnenaufgang, und wie selten erlebt man ihn!

Zwei Stunden später treffen wir uns zu einer Rebhühnerstreife im östlichen Teil unseres Bundeslandes. Wir sind vier Jäger, zwei Treiber und ein guter Hund. Auch Fasanhahnen sollen geschossen werden. Die großen Maisäcker sind hier zum Teil schon abgeerntet, es paßt gerade richtig. Wir streifen zwischen Wiesen, Rübenäckern und länglichen Maisäckern. Das Gelände ist fast völlig eben, wir lassen uns Zeit, niemand hetzt uns. Bis Mittag haben wir acht Hühner und sieben Fasanhahnen erlegt. Aus einem Maisacker sind drei Schnepfen aufgestanden, doch nur einer der Jäger kommt zu Schuß und wird nicht richtig fertig. Die Schnepfen fallen in ganz verschiedenen Waldstücken in weiter Ferne ein. Wir haben kein Stück verloren, obgleich die Hühner schon recht schlecht halten und die Fasanen nur zum Teil in den Maisäckern sind.

Unter einem schattigen Apfelbaum voller roter Früchte lassen wir uns nieder. Das duftende Bauernbrot, der frische Käse und der kühle Apfelmost schmecken uns herrlich. Der Himmel ist ohne Wolken, ganz leichter Wind kräuselt das träge Wasser des nahen Baches. Einer der Jäger bietet aus einer Thermosflasche schwarzen Kaffee an, der dankbar angenommen wird. Doch nun müssen wir weiter!

Große Flüge Ringeltauben sind in der nahen Au eingefallen, an der Anzahl und ihrem Verhalten erkennt man, daß es Zugtauben aus dem Norden sind. Auch die Jahreszeit sagt es uns. Von vier Seiten nähern wir uns der Au. Die zwei Jäger schleichen besonders vorsichtig am Bach entlang. Ich stehe an der rechten Seite. Die Vorsicht ist nur zum Teil von Erfolg. Der Großteil der Tauben streicht noch vor der Umzingelung über den Bach. Die andere Seite ist fremdes Revier. Bevor der erste Schuß fällt, hätte ich schon leicht vier Tauben schießen können. Aber immer gibt es Nachzügler, die herrlich schnell und hoch, teils einzeln fliegen, teils in kleineren Flügen alle vier Schützen anfliegen. Ich habe Dusel, schieße fünf Tauben, insgesamt sind elf gefallen. Entsprechend gehudelt wurde auch. Wir verabschieden uns, die Freunde jagen weiter, ich aber steige in mein Auto, denn der Tag ist für mich zu dieser Zeit noch lange nicht zu Ende.

Nach kurzer Fahrt bin ich am Ziel. Unweit des großen Teichdammes treffen sich die Schützen zum Ententrieb. Große Vorsicht ist vonnöten, denn die Teiche sollen heute zum drittenmal bejagt werden, und die Stockenten sind locker. Natürlich erwartet man auch Zugenten, deren einige über der Mitte des Teiches kreisen, einfallen, wieder aufstehen und gar nicht sehr scheu sind. Ich werde am Damm aufgestellt, an einem schwierigen, aber guten Stand. Die noch fast grünen, stark belaubten Alteichen nehmen mir viel von meinem Schußfeld, um so mehr, als vor mir drei Meter hohe Büsche und Schilf die Sicht auf den Teich teilweise verdecken. Zum Glück ist aber die schon etwas tiefe Sonne in meinem Rücken, eine besonders wichtige Sache für den Schrotschützen.

Als angeblasen wird, noch bevor der erste Schuß fällt, stehen mit großem Getöse etwa 80 Enten zugleich auf. Sie kreisen zuerst, um sich nach dem ersten Schuß zu teilen. Eine Partie bricht nach links aus, etwa 30 kommen auf mich zu, und der Rest schwenkt nach rechts und nach hinten. Ich sehe schußbereit und ruhig meinem Schof entgegen, während ich schon weiß, wann und in welchem Winkel ich den ersten Schuß abgeben werde. Eine Patrone drücke ich mit der linken Hand an den Flintenlauf. Die erste Ente fällt. Ich lade den rechten Lauf sofort nach, und als ich damit fertig bin, ist der Pulk schon fast verschwunden. Zwei gut gelungene Schüsse erreichen zwei Erpel, die nicht mehr ins Wasser, sondern maustot hinter mir in den Wald fallen. Und schon muß ich nachladen. Rings herum knallt es, einzelne Nachzügler werden hoch. Man kann jetzt viel ruhiger schießen, und der Prozentsatz der getroffenen Enten steigt. Ein Schof Krickenten kreist unentwegt vor uns, aber so weit gegen die Mitte des Teiches zu, daß man sie nicht erreichen kann. Erst als die Boote herankommen und als die Enten aus diesen beschossen werden, kommen sie pfeilschnell zu mir und meinem Nachbarn. Nur eine treffe ich, der zweite Schuß bricht einen Eichenast. Und noch eine letzte Stockente steht laut quakend auf. Sie macht einen eleganten Kreis, steigt rasch und streicht zurück, wo sie schon so hoch ankommt, daß sie von hinteren Schützen gefehlt wird. Immerhin liegen 19 Enten auf der Strecke, wovon ich sieben mein eigen nennen kann.

Der zweite Teich ist weniger ergiebig, weil die Enten die vorgehende Kanonade übelgenommen haben und ein Teil schon abgestrichen ist. Dafür werden einige Bläßhühner hoch und kreisen an den Rändern des Teiches.

Da es schon dämmert und einige Enten nachgesucht werden müssen — der Abendstrich ist hier nicht üblich —, wird Gesamtstrecke gelegt: 30 Enten, fünf Bläßhühner, eine Bekassine und eine Wildtaube. Eine geflügelte Ente wird vermißt.

Als die meisten Teilnehmer schon dem gastlichen Haus des Jagdherren zustreben, erwirke ich von diesem die Erlaubnis, es noch auf Schnepfen zu versuchen. Er meint zwar, daß keine da wären, schickt mich aber dann doch an einen Waldrand mit Erlenbüschen und einer sumpfigen Wiese. In der Mitte des flachen Grabens fließt ein kleiner Bach, an seinen Ufern stehen ebenfalls Erlen. Es ist schon fünf Uhr vorbei, als ich meinen Stand beziehe. Vor mir gegen Westen der Wald, hinter mir der Bach und weiter die großen Felder. Ein tiefer Einschnitt ist vor mir, halbhohe Dickung, rechts und links Mischwald.

Es sind zehn Minuten vergangen, als genau von vorn, schnell und zügig, wippend, doch ausholend, der Langschnabel ankommt. Genau ober mir drücke ich ab, der Schuß geht aber daneben. Ich drehe mich um, schieße nun beherrscht und schnell, und am Bachrand fällt die Schnepfe wie ein Stein ins taunasse Ufergras. Dann kommt trotz meines längeren Ausharrens keine mehr.

Auch ohne Taschenlampe finde ich meine Beute, dann gehe ich langsam und überglücklich dem Herrenhaus zu. In der Ferne läutet eine Glocke, im Dorf bellt ein Hund. Ein steirischer Herbsttag geht zu Ende.

Gamsbrunft und Hüttenzauber

Grauer, eiskalter Nebel umhüllt das weite Gebirge, während knietiefer Schnee die froststarre Erde bedeckt. Noch liegt blaugraue Dämmerung über den Tälern, denn der Nebel verlängert die Nacht. Aber der Tag wird kommen, wenn auch etwas später, und wir werden hinausgehen, um ihn zu bejagen, den schwarzen, den zottigen, unermüdlichen König der Felsen und Almen: den Gamsbock in der Brunft.

Unvorstellbar still war die Nacht, nur ab und zu ein Knistern im Gebälk, Schnarchen im Nebenraum und das traumfrohe Winseln von Hexi, der Dachsbracke. Seit einiger Zeit knackt es und faucht es im Herd, angenehme Wärme verbreitet sich, durch die offene Küchentüre lockt der Kaffeegeruch. Hilfsjäger Josef kocht Eier, und Schinkenspeck wird in dünne Scheiben geschnitten. Ein reichliches Frühstück ist notwendig, denn wir werden vor dem Abend wohl kaum zurückkommen. Nirgends ist man schon in der Früh so hungrig, nirgends schmeckt einem das dunkle Bauernbrot so gut wie oben im Gebirge in der gemütlichen Jagdhütte. Wir können uns Zeit lassen, denn die Dunkelheit will nur langsam weichen. Hexi schmeichelt um die Speckrinde, aus der langsam wärmer werdenden Stube strömt harziger Lärchenholzgeruch mit den typischen Gerüchen einer unbewohnten Hütte: ein Gemisch zwischen Stroh-, Schimmel- und Petroleumgeruch, gewürzt mit einer Prise abgestandenen Seifengeruches. Dazu der nachtfrische Hundegeruch und der Tabakqualm aus Josefs Jägerpfeife ...

... „Wann nur das Wetter besser wird", brummt Josef, — „wann der Nebel aufreißt, kann's der schönste Tag werden. Aber Wind darf auch kein zu starker aufkommen ..." Umständlich wird alles in die Rucksäcke verstaut. Ein Thermos mit heißem Kaffee, Wollhauben, weiche Angorapullover, Brot mit einem Trumm Speck, das Spektiv, der Wetterfleck, ein Muff und eine Schnur fehlt nicht. Das mitgebrachte Thermometer zeigt – 8 Grad an der Hüttentür.

Rostig knirscht der alte Schlüssel, Josef versteckt ihn unter der oberen Stufe – fest wird der Bergstock umfaßt und in Gottes Namen gehts los ... Vorne Josef, dann Hexi, zuletzt ich. Frisch massiert meine Wange die würzige Luft, während bei jedem Schritt der Schnee nachgibt, dafür aber Gott sei Dank überhaupt nicht kracht. So gehts über die Hüttenwiese in den Bestand und über die Serpentine der Höhe entgegen. Ausholender, gleichmäßiger, federnder Berglerschritt. Du mußt gelernt, du mußt geübt werden. Tief atmen die Lungen, nichts wird übereilt, aber bei der Steigung, noch vor der Serpentine, rinnt mir der Schweiß vorn und hinten herunter, während Josef, der wohl das doppelte trägt, völlig trocken bleibt. Und über zwei Stunden müssen wir gehen. Wenigstens.

Selten bleiben wir stehen, etwa, wenn frische Fährten unseren Steig kreuzen oder wenn Gamswild in der Waldregion abspringt. Denn auch bei gutem Wind vernehmen und eräugen sie einen schneller als umgekehrt. Weiter, immer weiter. Höher, immer höher. Unglaublich, welche Distanzen man hier oben in der guten Luft bewältigt. Auch ohne Training geht es leicht, wie beflügelt. Ich schaue schon ewig lang auf den schlangengleich vor mir in Josefs Spur schnürenden Hund. Manchmal berühre ich ihn leicht mit dem Bergstock, dann schielt er zu mir hinauf und weiter – weiter. Plötzlich erstarrt Josef. Zwanzig Schritt vor uns, hinter einer verschneiten Junglärche steht etwas Schwarzes. – „Scharwild" raunt mir Josef fast unhörbar zu. Und weiter oben noch zwei Stück. Jetzt übersetzt ein viertes Stück den Steig. Im Zeitlupentempo lassen wir uns niedergleiten. Jetzt heißt es warten. Wir hocken links vom Steig im Schutze einer vom Wild fast kugelförmig „zurechtgestutzten" Fichte. Links oben scheint es heller zu werden, die Nebelgrenze ist nicht mehr weit. Und da sehe ich auch hier, auf etwa 50–60 Schritt noch drei Gams, eine starke Kitzgais ist dabei und ein schwaches Kitz, welches noch ganz braun ist. Zitternd und fiebernd äugt der Hund nach rechts in den Hochwald hinunter. Und plötzlich erscheint auf 6 Schritt das Haupt eines starken Gamsbockes, dann völlig lautlos der ganze Gams, — eräugt uns sofort und mit Gepolter verschwindet er in der Tiefe. Die anderen Gams verhoffen, machen einige unsichere Schritte, rudeln sich, ziehen aufs Kar hinaus. Wind haben sie keinen, aber den Rumpler des Bockes haben sie vernommen. Ein, zwei Minuten in unschlüssiger, staunender Haltung, dann schiebt sich die alte Gais nach vorn und in graziös-federnder Haltung springen die schwarzen „Wutzel" über den Steig an einer Felsnase herum, in den schützenden Wald. Da und dort verhofft das Rudel noch, beruhigt sich bald wieder und wir können weiterpirschen. Der Bock ist für heute vergrämt. Josef sagt, daß er ein hoher, enger, älterer Bock ist, den wir hätten schießen können. Ausgeruht trotten wir weiter, fast ohne Steigung führt uns der uralte Pirschweg dem nicht mehr fernen Hochtal, der „Gamsheimat" entgegen. Bald wird der Nebel goldgelb, dann sonnig blau und nach 100 Gängen stehen wir plötzlich in gleißendem Sonnenlicht. Ein unbeschreiblich schöner Anblick. Unter uns das unbewegliche Nebelmeer, aus dem rosig oder bläulich, je nach Beleuchtung, die glitzernd weißen Berggipfel wie Inseln herausschauen. Das Licht ist so stark, daß wir geblendet, vorerst die schützende Hand vor die Augen halten. Dann kommt das Fernglas zu seinem Recht. Ganz hinten beim Rabenkopf auf der Höhe über der Gamsheimat steht, nein tollt ein Rudel herum. Weiter rechts, sicher 500 Meter davon entfernt, drei Böcke beieinander, jüngere Knaben. Sonst ist von hier nichts auszunehmen. Dazwischen sind aber noch 5 bis 6 kleinere Rinnen und Täler, bevorzugte Plätze des Gamswildes.

Hexi sichert wieder starr nach rechts hinunter. Dort wechselt ein Kahlwildrudel über eine Lichtung. Dunkel und zottig sehen die Tiere aus, und der borstige Spiegel ist orangenfarben umrandet. Sie ziehen vorbei, ohne uns wahrzunehmen.

Und weiter gehts in die blauweiße Herrlichkeit. Kleine Felsenköpfe stehen verstreut in den Lehnen, meterlange Eiszapfen hängen daran, wenn man gegen die Sonne durch solch einen „Zapfenvorhang" sieht, leuchtet das Eis in allen Regenbogenfarben. Und dazu die Sonne und der dunkelblaue, fast violette Winterhimmel! Mein Gott, wie schön ist Deine Welt! ... „Obacht", haucht plötzlich Josef, „hinter der alten Lärche dort beim gelben Stein steht ein Gams, i hob ihn einischliefen gsehn" ... Schon sitze ich auf meinem Rucksack, die Büchse quer über den Knien, den Bergstock vor mir im tiefen Schnee. Banges warten. Das ganze ist höchstens 40 Schritt vor uns. Plötzlich steht der Gamsbock zwanzig Schritte höher auf einem Felsenkopf und verhofft nach rechts. Wir können ihn ansprechen. 8–9jähriger Bock. „Ich glaub, den nehmma ... ", flüstert Josef, und ich bin derselben Meinung. Mäßige Auslage, schlecht gehakelt, aber eher hoch. Im leicht aufkommenden Wind bewegt sich der kapitale Bart. Schon habe ich das Glas auf die Seite gelegt und die Büchse in Anschlag gebracht. Langsam wandert das Fadenkreuz in das schwarze Ziel.

Auf den Schuß, der besonders dumpf klingt – hebt es den Bock vorne hoch, dann überschlägt er sich und rutscht lautlos bis zum Steig hinunter. „Waidmannsheil!" ... Wir warten ganze zwanzig Minuten, bis wir zu ihm treten. Der Bock ist besser als angesprochen, aber richtig abgeschossen. Die Schläuche sind unten pechig, also stärker als gedacht. 9 Jahre zeigen die Ringe. Der Bart ist wirklich selten gut. Vorläufig wird der Bock nur gelüftet und neben dem Steig aufgehängt. Wir birschen etwa noch einen Kilometer weiter um uns am Eingang der „Gamsheimat" in einen alten Schirm zu setzen. Dort jausnen wir gemütlich, während unsere Blicke herumwandern. Ein herrlicher Ausblick. Der Schuß hat anscheinend nicht gestört, denn am oberen Teil gegen die Höh' zu stehen zwei Gamsrudel, und einzelne Böcke „pendeln" hin und her. „Da warten wir jetzt eine Weile", meint Josef, „etwas wird sich sicher zeigen".

„Klong, klong ... ". Auch Freund Rabe ist da und lockt

seine Artgenossen. Doch auf den Aufbruch muß er noch warten. Über unseren Bock hat Josef seinen Wetterfleck gehängt, damit die Raben nicht auf schlechte Gedanken kommen. Ein Schluck heißer Tee tut gut, und der Speck ist auch nicht von schlechten Eltern. Trotzdem ist es hier oben sehr kalt, und ich kann nach der guten Jause den Muff gebrauchen.

Plötzlich, ein Schatten vor der Sonne und ... „der Adler" flüstert Josef, auf 30 Meter schwimmt er in seiner ganzen Schönheit durch den blauen Himmel, man sieht den Kopf sich hin und her bewegen und fast jede einzelne Feder. Ein unvergeßlicher Anblick, wie er mal näher, mal weiter seine Kreise zieht. Er hat uns längst weg, aber wir stören ihn anscheinend nicht allzusehr, vielmehr ein kleines Gamsrudel das hinter der nächsten Kuppe, also unter uns gestanden ist. Blitzschnell folgt die Jugend der Leitgais in die schützenden Latschen. Sicher ist sicher! Vielleicht haben sie auch schlechte Erinnerungen vom Sommer her. Auf etwa einen Kilometer blockt der Adler auf. Es ist der höchste Punkt in der Gegend, von dort aus beherrscht sein Blick das ganze Gamsrevier. Aber es gibt ja hier auch Schneehühner und Birkwild, wie uns Spuren im Schnee erzählen. Weit, weit –, etwa 3 Kilometer entfernt schnürt Reinecke einen Steig entlang. Dort ist der Schnee durch Sonne und Wind anscheinend so hart, daß er ihn trägt. Als der Adler endlich seinen Posten verläßt und in seine Richtung schwebt, ist der Fuchs mit einigen Sprüngen in den Latschen verschwunden.

Josef stößt mich an. Ein einzelner Gams ist lautlos und aus dem Nichts am Wechsel erschienen. Das Glas zeigt uns einen ungefähr 6jährigen, gut veranlagten Bock. Er steht auf etwa 80 Schritt und zieht langsam gegen die fernen Rudel. Wir sehen auf die Uhr. Es ist jetzt halb eins. Als der Bock verschwunden ist, machen auch wir uns auf, um weiterzupirschen. Josef möchte durch einen kleinen Umweg mit gutem Wind –, der hier oben gar nicht so schwach ist, auf einen Kogel gelangen, von wo wir guten Einblick in das große Kar haben. Die Sonne scheint, doch sie wärmt nicht. Das Licht ist jetzt so stark, daß es fast schmerzt. Nun sind wir überriegelt und sehen das Rudel nicht. Über ein verschneites, riesiges Rhododendronfeld stapfen wir fast eben pirschend dem Kogel, dem Aussichtspunkt entgegen. Als wir schon glauben, oben zu sein, verläuft das Gelände so allmählich, daß wir noch immer nicht in den Graben hineinsehen. Doch plötzlich sehe ich die Gams. Unter uns ca. 200 Meter im Kessel steht ein großes Rudel. Wir sind zusammengesunken, trotzdem sehen wir nur die oberen Stücke des Rudels, nicht das ganze. Langsam, mit eingezogenem Kopf, rutschen wir weiter, bis wir bei einer umgeworfenen Fichte, einem morschen „Urveteranen" Deckung haben. Von da bietet sich uns ein unvergeßlicher Anblick. Etwa 20 Gams stehen da unten im Kar, vielleicht 180 Meter von uns und 300 Meter vom Waldrand entfernt und sind in ständiger Bewegung. Ein Bock mit niedrigen Krucken sprengt mal die eine, mal die andere Gais, während schwächere Böcke in Respektabstand herumziehen oder verhoffen. Ein kleines Scharl von 4 Gaisen steht etwas abseits, aber auch um gute 50 Schritt weiter. Da sehen wir uns an. „Die zweite von rechts, die mit dem hellen Haupt ist eine uralte, gelte Gais", sagt Josef, „wenn S' wollen, können S' die schießen ... Aber es ist sakrisch weit ... " Lange beobachtete ich die Gais, die irgendwie gedrungen und stark im Wildpret erscheint. Ihre Krucken sind eng und eher hoch, aber nicht kapital. Auch ist sie meist in Bewegung. Der Hund winselt leicht neben mir. Da sehe ich das Haupt eines Jahrlings, rechts auf 20 Schritt, wie es uns anstarrt. Jetzt ist keine Zeit zu verlieren. Bekommt der Jahrling Wind, und sicher ist er nicht allein, ist der ganze Zauber bald vorbei. Ich entschließe mich also zum Schuß obgleich die Geltgais stetig, wenn auch langsam nach links weiterzieht. Ich habe den rechten Ellbogen auf die tote Fichte

---

Bild oben: Wenn in der schönen Steiermark der Herbst einzieht, beginnt die Jagd auf den Fasan.

Bild unten: Verfasser mit der alten Springer-Flinte auf dem Stand (Burgenland, 1971).

aufgestützt, unter dem Lauf liegt weich mein Muff, ich knie halb auf meinem Wetterkragen. Als die Gais endlich breit stehend einen Moment verhofft, frißt sich das Fadenkreuz eine Handbreit über das Blatt und ich lasse fliegen.

„Waidmannsheil!“ – Wie vom Blitz getroffen fällt die Gais im Feuer und rührt keinen Lauf mehr. Die anderen Gams verhoffen, beruhigen sich bald wieder, als aber die Schweißwitterung zu ihnen dringt und das nahe bei uns gewesene Rudel eilig ins Tal flüchtet, formieren sie sich wie widerwillig hinter einer hochkruckigen alten Gais und ziehen, nicht eilig, im Gänsemarsch in den Wald. Der Wind war bis zuletzt gut. Wir warten noch 10 Minuten und rutschen dann zur erlegten Gais hinunter. Der Schuß sitzt Hochblatt, die Jahresringe zeigen 15 Jahre!

Eine große Waidmannsfreude durchflutet mich.

Um mit dem Aufbruch nicht diesen idealen Brunftplatz zu verstänkern, ziehen wir die Gais etwa 500 Schritt weg, und dort neben dem reißenden Bach, im Schatten riesiger Eiszapfen, wird sie aufgebrochen. Dann geht es weiter zu unserem Bock. Der Rückmarsch zur Hütte ist beschwerlich, doch lassen wir uns soviel Zeit, daß wir die prachtvolle Gegend, den einmaligen Ausblick und schließlich den Sonnenuntergang genießen können. Als die beiden Gams endlich in der Wildkammer nebeneinander hängen, sind wir ehrlich müde und auch Hexi freut sich aufs Platzerl neben dem Kachelofen.

Doch vorerst muß richtig eingeheizt werden. Dieses Geschäft übernehme ich, und dank des herrlich trockenen Fichtenholzes und des guten Kamins ist es bald gemütlich warm in der Hütte. Josef indes ist beim Schmarrnmachen. Aus der Speisekammer wird eine Flasche Tiroler hervorgeholt, und kein Festessen im Tal könnte uns besser schmecken als unser einfaches Hütten-

---

Im August ist allerhand los in den Feldern.

mahl. Nachher bei der zweiten und dritten Flasche wird noch alles genau und bis in die kleinste Einzelheit durchgesprochen. Als uns die Augen schließlich zufallen und wir uns in die guten Betten legen, sehen wir nochmals die weißen Berge und den dunkelblauen Himmel. Ein solcher Tag bleibt ewig unvergessen.

Der Tag der Tage

Seit Ungarn hatte ich keine Wildgans mehr geschossen und war daher hocherfreut, als mich ein lieber Freund in sein Revier am Neusiedlersee einlud. Es war in der Weihnachtswoche des Jahres 1963, als mir ein Telegramm aus Wien in meinem Eggenberger Büro ausgehändigt wurde: „Massenhaft Gänse da, sofort kommen!" ... Eine Stunde später war ich bereits unterwegs. Wer die Strecke Graz—Neusiedlersee kennt, der weiß, daß sie mit dem Wagen in ca. 4 Stunden zu bewältigen ist. Wer weiß, was man alles an Ausrüstungsgegenständen für den winterlichen Gänseeinfall benötigt, wird vielleicht verstehen, daß nur eine Stunde, in welcher: Heimfahren, Einpacken, Patronenbeschaffen etc. durchgeführt wird, sehr, sehr schnelles Handeln voraussetzt. Aber „die Freude beflügelt", und endlich am Volant, war mir entschieden leichter. Kurz vor der Dämmerung kam ich in Apetlon an, wo ich im Jagdhaus meines Gastgebers Quartier nahm. Am Abendstrich, unweit der Hütte, erlegte ich aus einer hoch über mir ziehenden kleinen Gänseschar, eine Gans und nach gutem Abendessen und gemütlichem Geplauder mit dem Förster ging ich früh zu Bett. Für den nächsten Tag war ein Schirm für mich im Revier St. Andrä reserviert, und ich sollte um 6 Uhr beim Gasthaus Luntzer warten. Die Nacht verlief leidlich. Schon um ½ 4 Uhr war ich hellwach und sah nach dem Wetter. Der erste Eindruck war für mich — einem damals hochgradigen „Gänseneuling", — niederschmetternd. Draußen herrschte nämlich Sturm, der berüchtigte, Straßen verwehende, Dörfer abschneidende, Menschen umbringende Seewinkler Sturm. Vorerst allerdings schneite es nur ganz wenig, an Verwehungen mußte man noch nicht denken, denn das Gebiet war ja noch schneefrei, daher auch die Anwesenheit vieler Wildgänse. Der Wind allerdings hatte es in sich. Mit dem Volkswagen kann man ihn nur zu gut spüren, und er ist für den Fahrer alles eher als angenehm. Ich war der einzige Mensch unterwegs, – weit und breit kein Fahrzeug, kein Scheinwerfer –, als ich die Alleestraße nach St. Andrä benützte und 10 Minuten vor 6 Uhr vor dem Gasthaus eintraf. Draußen heulte der eiskalte Nordwind, und ich ließ den Motor laufen, so kalt war mir.

Ich hatte einen Thermos mit extra starkem Tee und einige Wurstbrote sowie harte Eier im Rucksack, viele Patronen und einen Handwärmer, welcher im zugigen Muff wertvolle Dienste versprach. Als Hauptwaffe: meine alte bewährte Springerflinte, Kaliber 12, mit Fullchoquerläufen und als Reservegewehr meine Sauerflinte, ebenfalls mit engschießenden Läufen.

Über drei Pullover, die ich anhatte, zwängte ich eine alte Windjacke, an den Füßen hatte ich ledergefütterte Gummistiefel.

Punkt 6 Uhr sah ich eine Gestalt ankommen, bald darauf hörte ich einen Traktor. Der Mann, der sich nun vor dem Gasthaus im Dunkeln vorstellte, war niemand anderer, als der legendäre Gänsejäger von St. Andrä, der Rekordschütze der dreißiger Jahre, Mathias Luntzer. Eingemummt in einen kurzen Pelz, die Arme hoch angewinkelt in tiefen Taschen, eine alte Schirmpelzkappe über dem roten Gesicht, den Mund zu einem verschmitzten Lächeln unter der großen Nase verzogen, so stand er vor mir, als wir auf den immer näher kommenden Traktor warteten. Luntzer sollte mich als „Büchsenspanner" begleiten und die ganze Zeit bei mir verbleiben. Er war mir von allem Anfang an sympathisch. Bald konnten wir losfahren, nachdem die Lockgänse im Traktor verstaut waren und ich die Bekanntschaft des Revierjägers Eder aus Andau machte, der mich ebenfalls für einige Zeit begleiten wollte. Es war noch stockdunkel, als wir unweit der Ortschaft auf einem Maisstoppelfeld halt machten. Sofort machten sich die beiden Jäger daran, den Schirm aus Maisstroh anzufertigen und die Lockgänse auszusetzen. Diese wurden auf der anschließenden Saat festgemacht, und im Schein der Taschenlampe sah ich die

Losung von hunderten Gänsen, ein gutes Zeichen. Ganz allmählich wurde ein blaugrauer Schimmer im Osten sichtbar. Der Schirm war fertig und wir verstauten unsere Habe darin. So ein Kukuruzschirm wird folgendermaßen aufgestellt: Zuerst werden 1,8 m hohe, starke aber dünne Pfosten solcherart in die Erde gerammt, daß sie unten etwa 2.5 Meter im Quadrat umfassen, oben wesentlich weniger. Sie stehen also nach innen zu schräg. Nun wird unten, in der Mitte, und ganz oben je ein Seil festgemacht und dann der Raum zwischen den Pfosten mit Kukuruzstroh ausgefüllt. Die Seile müssen fest gespannt und das Maisstroh dicht gesteckt sein, sonst wirft der Wind den Schirm um, oder er weht das Stroh davon, beides unausdenkbar, wenn einmal volles Tageslicht herrscht.

Schon hören wir das Geschnatter von vielen Gänsen, die sich unweit in der großen Lacke zum Aufbruch bereit machen. Dann: donnerndes Flügelrauschen und schon das immer näher kommende „lik-lik, ang, ang, lik" der einzelnen Gänsescharen. Nachdem ich von Luntzer den Wink bekomme, bereits zu schießen, wenn das Licht es erlaubt, mache ich mich fertig. Eder zieht sich mit dem Traktor hinter eine entfernt liegende Heutriste zurück, wo auch mein Wagen steht. Die ersten Gänse scheinen nicht bei uns einfallen zu wollen, wahrscheinlich sehen sie die Lockgänse noch nicht. Der Wind ist stark und es schneit etwas stärker. Die Saaten, in diesem Jahr besonders gut entwickelt, sind schon ein wenig angezuckert, aber der Wind treibt den Schneestaub vor sich hin. Nun kommt wieder eine Schar, ganz nah. Es ist keine Kunst, eine Doublette herauszuschießen. Mit dumpfem Getöse fallen sie auf den gefrorenen Boden. Die nächsten, kaum eine Minute später, bemerken schon unsere Lockgänse und umkreisen uns immer tiefer gehend, mit „hängenden" steifen Schwingen. Luntzer mahnt mich, zuzuwarten und erst dann zu schießen, wenn sie fast schon den Boden berühren. Dadurch ist es möglich, den auffliegenden Gänsen eventuell noch einmal nachzuschießen. Ein ohrenbetäubendes Getöse und Geschnatter umgibt uns und wir verstehen unsere Worte kaum. Dazu der in den Augen beißende Sturm und die Kälte. Gänse und Gänse, wohin das Auge reicht. Auf 500 Meter fallen rechts und links von uns Scharen um Scharen ein, doch wir sind genügend mit Schießen beschäftigt, denn es kommen ununterbroche neue. Ungeheuer aufregend das Melden der Gänse, das ineinanderfließende Geräusch hoher und tiefer Töne, das ständig sich nähernde Palaver der einzelnen Familien. Oft kommen auch nur wenige, selten einzelne. Manchesmal sind es Scharen von 50 und auch mehr Gänsen. Je mehr in einem Pulk sich nähern, umsomehr sind die Nerven des erwartenden Schützen in Anspruch genommen. Obgleich mir öfters Doubletten und Tripletten auf die einfallenden Gänse gelingen, bin ich vorerst dazu nicht in der Lage, wenn ein wirklich großer Schwarm uns anfliegt, zu benommen, zu fasziniert bin ich von diesem einmaligen Schauspiel. Luntzer ist sichtlich mit meinem Schießen zufrieden, denn er lacht über das ganze Gesicht. Um 7.30 Uhr, als Eder endgültig wegfährt, unterbreche ich meine Tätigkeit. In dieser kleinen Pause schlüpfen wir aus dem Schirm und legen die Gänse auf den Bauch, den Kopf mit einer kleinen Astgabel etwas erhöht. Dadurch fallen die geschossenen Gänse den einschwenkenden Scharen nicht auf. Liegen sie hingegen auf dem Rücken und zeigen sie ihren Bauch, werden die alten Gänse sofort mißtrauisch, ein tiefer Warnton, und die Schar ist dahin. Unsere Schüsse dürften im Brausen des Sturmes und beim Getöse von zigtausend Gänsestimmen nicht sehr störend sein, denn Schar auf Schar fliegt uns an, als ob wir überhaupt nicht schießen würden. Eingefallene Scharen auf 400–500 Meter stehen auf die Schüsse gar nicht auf. Ein Teil der Gänse überfliegt uns, um weiter landeinwärts auf einer der vielen Saaten einzufallen.

Der Sturm treibt Wanderdisteln vor sich her, spielt mit den Saatkrähen wie mit Papierfetzen und wirbelt den feinen Kristallschnee in Fontänen hoch. Enten streichen vorbei, wir beachten sie kaum. Angeschossene Gänse werden mit dem Kleinkaliber, welches Luntzer mitgenommen hat, sofort totgeschossen. Aber es sind wenige. Die meisten werden vom braven „Springer" sofort maustot geschossen. Ich schieße nicht auf weite, nur auf halbwegs sichere, nahe Gänse. Aber so ganz langsam sind sie nicht, wie sie oft scheinen. Natürlich fehle ich auch welche. Erstens bin ich ganz schön müde geworden, zweitens sind die Glieder in diesem Sturm steif und die Finger trotz Muff (der Wärmer ist ausgefallen), durch den der Sturm ein und aus bläst, kalt und unempfindlich. Wir schalten wieder eine Pause ein, um zu jausnen. Die hart gekochten Eier sind eingefroren! Der warme Tee tut gut. Luntzer spricht einer Flasche Obstler zu. Nun liegt doch eine zusammenhängende Schicht Neuschnee auf den Feldern. Hinter der Strohtriste, wo mein Wagen steht, bildet sich bereits eine nicht unbeachtliche Verwehung. Und wohin das Auge reicht: Gänse, Gänse und Gänse. Anscheinend spüren sie den Wetterwechsel und sammeln sich schon für den Weiterflug nach Süden. Wir sammeln die leeren Patronenhülsen ein und vergraben sie neben dem Schirm. Mein „Sauer"-Gewehr liegt auseinandergenommen im Futteral, damit es nicht im Weg ist. Luntzer ladet meine „Springer", das genügt, auch hudeln wir überhaupt nicht, es kommen ja genügend Gänse. Man kann es mit Worten gar nicht beschreiben wie aufregend die ständige Nähe dieser vielen Gänse, wie unbeschreiblich spannend das Näherkommen der einzelnen Scharen ist, wie oft die Zurückhaltung mit dem Schuß die Nerven hernimmt. Aber eines habe ich vom Spezialisten Luntzer schon gelernt: Warten, nicht zu früh und nicht zu weit schießen. „Motz" Luntzer sagt immer wieder, daß solche Einfälle ganz selten sind, und einmal in 20 Jahren vorkommen. Nach seiner Erzählung war der Anflug am Vortag ähnlich, doch soll der Schütze (in einem Schirm auf ca. einen Kilometer von hier) weniger erfolgreich gewesen sein. Und dabei schoß er gut mit seinem Automaten. Wie dem auch sei, ich bin mir des unglaublichen Waidmannsheils, das mir St. Hubertus heute beschert, völlig bewußt. Es ist einfach wie im Traum und kaum zu verkraften. Dabei der erste wirkliche Gänseeinfall meines Lebens, vielleicht auch der letzte.

Die ganze Luft ist erfüllt vom Geschnatter der Wildgänse,

nicht einen Moment hört diese herrliche Musik für das Jägerohr auf.

Gemächlich und bewußt konzentriert schieße ich weiter. Ich habe Patronen mit Schrot Nr. 5 (3 mm), schwarze „Schnepf" und schwarze „Waidmannsheil" gemischt. Wenn die Gänse gut getroffen sind, und das ist meistens der Fall, da ich ja nicht weit schieße, legen sie den Kopf an den Körper, werden steif, und leblos fallen sie auf die harte Erde.
Es ist noch nicht 11 Uhr, als der Schneesturm unerträglich wird. Wir beschließen den Aufbruch. Zuerst werden die Gänse gesammelt und zum Wagen geschleppt. Dies dauert fast eine Stunde. Der ganze hintere Teil des Wagens ist mehr oder minder voller Gänse. Dann werden die Lockgänse gesammelt und unser ganzes „Material" aus dem Schirm geborgen. Als ich den Wagen starte, ist es allerhöchste Zeit. Schon bilden sich Verwehungen von einem Meter und mehr. Doch glücklich kommen wir um 12 Uhr in der Ortschaft an. Dort wird nun Strecke gelegt. Viele Gänse habe ich an diesem Vormittag geschossen und alle aufgeklaubt. Es sind: ein Drittel davon Bläßgänse, 2 Graugänse, der Rest Saatgänse. Mehr als eine Stunde verweile ich bei meiner Beute. An Fotografieren ist leider nicht zu denken, es ist zu dunkel, und Blitzlicht habe ich nicht dabei. Ich schaue mir die Gänse sehr genau an. Einige ganz alte Exemplare sind darunter. Eine ausgewachsene Saatgans mit dem schwarz-orangen Schnabel, kann ebenso groß und schwer sein, wie eine alte Graugans. Die Bäuche der alten Bläßgänse sind fast schwarz, jene der mittelalten schwarz getigert, der jungen aber einfärbig grau. Von meinen Patronen sind 20 Stück übrig geblieben, das Schußverhältnis ist recht gut. Draußen heult der Sturm und bringt das Gackern und „Klingeln" tausender und tausender Gänse an mein Ohr.

Wir begeben uns ins Wirtshaus, um uns äußerlich und innerlich anzuwärmen. Nach einiger Zeit kommt auch der Jagdherr von St. Andrä und feiert mit uns. Ich bin wenig gesprächig und unterhaltend an diesem Tag.

Die ganze Zeit „sehe" ich einfallende Gänse, „höre" ich ihr

Rufen. Zu viele Eindrücke an einem Vormittag, zu viel Erfüllung für das „erste Mal". Als mich dann der nette Jagdherr in vorgerückter Stunde einlädt, auch am nächsten Tag dazubleiben und es noch einmal zu versuchen, lehne ich dankend ab. Ich muß schauen, daß ich von hier wegkomme. Mit dem Seewinkel ist bei Schneesturm nicht zu spaßen. Schon mancher Stadtjäger ist hier mehr als eine Woche von der Welt abgeschnitten „stecken geblieben". – Diesmal brauche ich 6 Stunden, bis ich wohlbehalten in Graz ankomme.

Ich habe seither nur einmal einen Gänseeinfall erlebt und dabei weniger als zehn Gänse geschossen. Der „Tag der Tage" hat sich weder für mich, noch für einen anderen wiederholt. In meiner Erinnerung lebt er weiter bis in die kleinste Einzelheit.

Zufallstreffer und Mißerfolg

In diesem Kapitel möchte ich zwei völlig verschiedene Erlebnisse erzählen, die zeigen sollen, daß auch einem guten Waidmann manchmal Fehler passieren, schneller, als man glaubt.

Die erste Geschichte spielt im Spätherbst 1967 in St. Andrä Diesmal bin ich von den beiden Brüdern Luntzer, den damaligen Pächtern eines Teiles der Gemeindejagd St. Andrä, zum Gänsestrich eingeladen. Schon bei Dunkelheit sind meine Jagdfreunde und ich ausgezogen, um einen Schirm für die Jagd auf Wintergänse aufzustellen. Diesesmal sind wir weit weg von den großen Lacken mitten auf den Bauernfeldern. Mathias Luntzer hat hier gestern mehrere Gänsescharen beobachtet, vielleicht kommen sie auch heute wieder. Bald ist aus Maisstroh eine Deckung aufgebaut, die Gummilockgänse werden aufgeblasen und vor dem Schirm gruppiert, wobei der Wind genau berücksichtigt wird. Motz und ich haben uns in die Deckung begeben, der Bruder hat sich auf etwa 400 Meter weiter bei einer Strohtriste aufgestellt. Es ist eher kühl und noch dunkel. Man hört in der Ferne Hunde bellen, Rebhühner rufen und Fasanen melden. Ab und zu quakt eine Ente im Dunkel vorbei. Es werden immer mehr, und als es lichter wird, streichen sie höher, für die Flinte unerreichbar.

Erst gegen 8 Uhr kommen die ersten Gänsescharen vom See her und streichen in Richtung Ungarn. Die meisten hoch über uns, auf etwa 80—100 m, zu hoch für den Schuß. — Immer aufregend, spannend, herrlich schön ist für mich das näherkommende Gänsegeschnatter. Zwei kleinere Scharen schwenken endlich gleichzeitig ein und umkreisen uns. Die ersten „hängen" schon, das heißt, sie kreisen mit steifen, nach unten gebogenen Schwingen in unmittelbarer Nähe knapp vor dem Einfallen.

„Lassen wir die erste Schar einfallen, und schießen wir erst auf die zweite, wenn sie nahe genug kommt. Nur Geduld, Sie kennen ja den Zauber!", sagt Luntzer, der alte, erfahrene Gänsejäger.

So geschieht es auch. Ich habe zwei weitere Patronen in der Faust, als ich meine alte Springer-Flinte hebe. Zwei Gänse liegen mausetot, eine ist geflügelt. Luntzer hat zwei geschossen. Mit einem für diesen Zweck mitgebrachten Hornet-Repetierer gebe ich der geflügelten Gans auf 80 Schritt den Fangschuß.

Noch eine Schar schwenkt ein, von der ich ein Stück erlege. Wir sehen noch sehr viele, aber es kommt keine Gans mehr nahe genug.

Doch aus der Richtung, wohin sie weiterhin streichen, aus Ungarn, von den großen Maisfeldern her, streichen die Enten heimwärts. Schof auf Schof, langgezogen, gaukelnd im Wind, viel zu hoch für den Schrotschuß, streichen sie, dem Neusiedler See, der Langen Lacke, dem Zicksee zu. Fast der ganze Horizont ist voller Enten, und es reißt nicht ab. Ein Schof nach dem anderen, links von uns, rechts von uns, über uns. Seit Ägypten, als ich im Nildelta auf Enten jagte, sah ich nicht so viele Enten an einem Tag. Es sind mehr, als ich je in den Lagunen von Venedig, in der Valle, gesehen habe.

Plötzlich reitet mich der Teufel. Luntzer ist gerade aus der Deckung heraus (was die Enten nicht stört, weil sie ja ohnehin zu hoch streichen), um die vom Wind umgeworfenen Lockgänse wieder aufzustellen. Ich nehme also mein Hornet-Kleinkalibergewehr (1965 in Brünn beim Tontaubenschießen gewonnen) und ziele durch das Fernrohr auf das über mich streichende Schof. Eine Ente ist im Fernrohr, verläßt es aber sofort, weil der Wind sie seitlich treibt. Nur wenig vorhalten, den Wind berücksichtigen, vor den Schnabel halten ... Im hellen Schuß höre ich oben „plupp", und sie schlägt die Schwingen zusammen, kommt sausend und pfeifend, fast wie eine Bombe, maustot herunter.

Luntzer schaut mich an wie einen Geist. Er hat es noch gar nicht verstanden, daß ich mit der Kugel geschossen habe.

Vor meiner alten Springer hat er ja seit dem Einfall anno 1963 großen Respekt. Er bringt die Ente. Der Schuß hat sie nahe der Mitte an der linken Seite gefaßt, am harten Boden ist sie fast geplatzt. Und da begehe ich einen Fehler! Statt zuzugeben, daß es ein purer Zufallstreffer war, und statt die Hornet wegzustellen, versuche ich es noch achtmal auf diese hohen, pfeilschnellen Enten. Kein Wunder, daß ich keine treffe. Dann höre ich auf. Die Enten sind durch meine Kugelschüsse nicht einen Meter höher gestrichen, vielleicht haben sie sie gar nicht vorüberpfeifen gehört. Bei Gänsen wäre dies anders gewesen, darum, ja keinen Schuß mit der Kugel auf hoch streichende Gänse — mahnt Luntzer.

Es ist 10 Uhr, als wir unsere Strecke legen, einige Bilder werden geknipst, und dann ab in die Ortschaft. Noch lange besprechen wir das seltsame Waidmannsheil. —

*

Die zweite Geschichte spielt in Güssing im Revier Mürbisch auf einem der oberen Hochstände der großen Wiese. August 1970. Ich sitze mit dem jungen Förster Frühwirt, „eingesprayt" gegen die zahlreichen Gelsen, und leuchte mit meinem Glas die rechts liegende lange große Wiese ab, ebenso die links von mir bunt gewürfelten Bauernfelder. Es ist noch nicht 18 Uhr. Der Stand ist hoch und massiv, sehr geräumig, und die obere Kante des eher weit vom sitzenden Schützen entfernten Tarnschildes ist ebenfalls hoch angesetzt. Plötzlich erscheint aus dem Hafer links von uns ein Bock. Gläser an den Kopf. Älterer, enger Sechser.

„Der paßt", flüstert Frühwirt.

Ich mache mich in aller Ruhe fertig. Der Bock zieht langsam äsend der vor uns liegenden schmalen Erlenreihe zu. Ich habe meinen Hut auf die Kante gelegt und habe damit eine weiche Auflage. Mein rechter Ellbogen ist nicht aufgestützt.

Als ihn Frühwirt anfiept, verhofft er, und gleichzeitig knallt mein Schuß. Im Feuer wirft es den Bock um, als hätte er nie gelebt.

„Waidmannsheil!"

Ich habe automatisch repetiert und schaue hinüber. Es ist noch Leben in ihm, aber er schlegelt kaum. Trotzdem! Ich visiere ihn an, um eventuell einen Fangschuß abgeben zu können; nun wird er lebhafter. Ich steche, im Augenblick wird der Bock hoch und springt mit tiefem Träger, aber pfeilschnell und wie gesund in die Erlen, um darin zu verschwinden. Wir schauen uns an.

„Ja, gibt es Geister?" fragt Frühwirt.

Ich bin nicht zusammengekommen auf den flüchtenden Bock, auch waren es nur einige Meter bis zu den Erlen. Nicht einer, zwei Hunde haben nach dem Bock gesucht. Er ist nicht zustandegekommen. Wo er lag, fanden wir etwas Schweiß, dann nichts mehr. Dabei haben sowohl Frühwirt als ich einen größeren schweißigen Fleck am Trägeransatz des liegenden Bockes gesehen. Ein Streifschuß, ein Hohlschuß, ein Krellschuß? Ich konnte es damals und kann es auch heute nicht beantworten, denn der Bock kam nicht nur nicht zustande, er wurde auch niemals wieder mit Sicherheit gesehen. Auch die zweite Nachsuche ergab kein Ergebnis. Ob ich wohl doch etwas gemuckt habe? Ich machte mir die größten Vorwürfe, denn nichts ist mir unangenehmer, als edles Wild anzuschießen. Und dabei war ich meiner Sache so sicher.

Zum Abschluß dieser kurzen, aber bezeichnenden Begebenheiten ist eigentlich nur zu sagen, daß man bei der Jagd niemals leichtfertig, unbedacht und ohne entsprechende Vorbereitungen handeln darf, am allerwenigsten beim Abgeben eines Schusses. Manchmal vorkommende Glückstreffer, für die man nichts kann, bestätigen nur die Regel. Man darf niemals auf den Zufall rechnen, dies sei eine wichtige Regel beim Schießen mit der Kugel. Das Wild verdient den sorgfältig erwogenen und vorbereiteten Schuß. Doch welcher Jäger macht keine Fehler? Mein Fehler beim zweiten Fall war nicht schwerwiegend und ist verständlich, aber heute weiß ich, daß ich den rechten Ellbogen hätte aufstützen müssen, denn für die Abgabe eines ganz sicheren, sozusagen gemütlichen Kugelschusses war die Kanzel zu geräumig. Ich hätte dies alles im vorhinein bedenken müssen. Gerade in der Jagd und besonders beim Ansitz ist Vorbedenken, Vorbeugen besser als spätes Nachsehen. Denn zuletzt bezahlt das arme Wild die Zeche für eine Sekunde Unachtsamkeit und Gedankenlosigkeit.

Der schwarze Gamsbock im tief verschneiten, sonnigen Hochgebirge ... Herz, was begehrst du mehr? (siehe Kapitel: Gamsbrunft und Hüttenzauber).

Ein Wintertag in der Krähenhütte

(Ich hätte auch schreiben können "Die Jagd der Zukunft", aber so weit ist es noch nicht.)

In der Nacht hat es geschneit und ca. 10 Zentimeter Neuschnee bedecken die Landschaft. Es war auch höchste Zeit, denn der „Staubwinter" in der Großstadt ist in unserer Zeit kaum auszuhalten. Ich habe am Vortag alles vorbereitet und im Volkswagen verstaut. Meine belgische 20-er-Flinte, 40 Patronen, eine Jause, Zünder, eine Taschenlampe, eine Schnur, ein Messer und einen Sitzstock. Bald bin ich fertig und fahre den Wagen auf die Straße hinaus. Schnell noch einen Kaffee, ein Butterbrot, die Sonntagszeitung vom Standl und auf geht's der nahen Ortschaft entgegen. Es ist allgemeine Schonzeit, Anfang Februar und ich möchte es heute auf Krähen mit dem (ausgestopften) Uhu versuchen. Als ich den Wagen abstelle und die letzten 200 Meter bis zur Uhuhütte gehe, dämmert es gerade. Die Lichter der Stadt brennen noch, auf der nahen Autobahn flitzen nur wenige Autos. In der Hütte ist es kalt und finster. Ich hänge die Taschenlampe an einen Nagel und probiere einmal, Holzspäne zu machen und einzuheizen. Es gelingt nach längerem Versuch, und bald ist die Hütte voll beizenden Rauches. Diese Zeit nütze ich, um den Uhu festzumachen, genau nördlich von mir, den „Blick" abgewandt. Dann schnell zurück, denn weit westlich höre ich schon das Rufen der stadtwärts ziehenden Krähen. Nun werden die Schieß-

---

Stockentenpaar knapp vor dem Einfallen (in der Steiermark gibt es zahlreiche gute Entenreviere).

scharten freigemacht, nach Norden eine größere, im Westen eine mit Plastikglas. Es ist 7 Uhr 23. Ich bin fertig. Nur langsam wird es heller. Ab und zu höre ich Krähen rufen, aber es sind größere, hoch fliegende Schwärme, die ein fernes Ziel haben und hungrig sind. Ich lege nach, und in der Hütte wird es langsam gemütlich. Es ist ein aus Isotexplatten und Brettern zusammengebautes Gebilde mit Wellblechdach, mitten in eine Hecke gestellt, etwa 2×2 Meter groß. In einer Ecke ist der Ofen, ein Mini-Röhrenofen mit Eisenrohr, das nach Süden hinausragt. Es ist dieser „Kamin" mit Blech gegen die Hüttenwand gut abgesichert. Der Eingang ist im Osten, der Krähenbaum im Westen. In der Hütte liegen genügend Holz und alte Zeitungen zum Feuermachen. Auch eine Schere ist da und ein Glas. Leere Patronen wurden vom letzten Mal sorgfältig weggeräumt, die Hütte ausgekehrt ... Krah, kraah, krahh, – fast hätte ich mich verschaut, und beim zu schnellen Herausfahren mit dem Flintenlauf hat mich die erste „schon weg". Der nachgeworfene Doppelschuß geht daneben. Ich ärgere mich nicht schlecht. Es ist 7 Uhr 44. –
Noch sehe ich der gefehlten Krähe nach, – auf die Schüsse wird wohl so bald nichts kommen, als von hinten ein Schatten über der Hütte erscheint. Es war gut, daß ich mit der Flinte in der Hand am „Fenster" stand, denn so kann ich die lautlos auf den Uhu stoßende Nebelkrähe leicht herunterschießen. Ein Riesenexemplar. Ich berge sie sogleich und lege sie vor die Hütte getarnt in das Buschwerk. Leichter Südwind kommt auf. Ich höre Elstern schäkern. Schaue mir die Augen aus dem Leib, sehe aber nichts. Nun ratscht es aber ganz nahe. Wo kann sie sein? Da erblicke ich sie endlich. Sie sitzt 3 Meter vom Uhu entfernt am Boden und geifert ihn an. Nur die schwarzen Teile der Elster sind am Schnee zu sehen und wenn sie wippt, bewegt sich der Stoß. Ich versuche den Lauf der Flinte herauszuschieben, es ist gar nicht leicht, weil die Schießscharte eigentlich für den Himmel über dem Uhu gemacht ist. Aber durch einige Verrenkungen gelingt es. Und die Elster streicht ab. Der nachgeworfene Schuß ist aber schneller. Maus-

tot versinkt sie im Schnee. Es ist jetzt 8 Uhr, und man hört von Graz her die Kirchenglocken. Kaum setze ich mich und nehme die Zeitung in die Hand, verdunkelt sich das Fenster. Freund Bussard stattet dem Uhu einen Besuch ab. Zweimal, dreimal kreist er ganz nahe über dem ausgestopften Vogel, dann blockt er am Sitzbaum auf. Und schon haben ihn die Krähen weg. Ein kleiner Schwarm erscheint von vorne, ohne Vorsicht, bösartig krächzend. Gemächlich kann ich den Lauf hinausstecken während ich den Kopf in Deckung halte. Als die eine Krähe ganz nahe ist, fasse ich sie und mit dem zweiten Schuß die nächste, jäh wendende, die ebenfalls fällt. Eine Doublette. Die zweite Krähe ist nur geflügelt und hüpft gegen die schützende Hecke. Bereits dabei, ihr den Fangschuß zu geben, sehe ich, daß eine einzelne lichtgraue Nebelkrähe – ohne Rücksicht auf Verluste – zurückkehrt und nachsieht, wie sie ihrer Schwester helfen kann. Auf meinen zweiten Schuß fällt sie eher weit herunter. Nun springe ich schnell hinaus und erschieße die Geflügelte, dann berge ich die Elster und die drei Krähen. Es sind bis auf eine durchwegs Nebelkrähen. Mittlerweile ist es 8 Uhr 20 geworden. Auf der Leiste in der Hütte notiere ich die Anflüge, die Zeit und die Schüsse. Einige kurz zugeschnittene Scheiter werden in den Ofen geworfen. Es ist richtig gemütlich herinnen. In der Zeitung lese ich über das Bodenbeschaffungs- und Assanierungsgesetz. Auf der Autobahn rollen jetzt hintereinander drei Reiseautobusse vorbei. Wohin sie wohl fahren? Ein Blick durch das linke Fenster auf den Baum. Da sitzt doch etwas ... leise schiebe ich das Zellofanfenster zur Seite, zentimeterweise den Lauf meiner 20-er. Nun fliegt der Vogel ab. Es war ein Eichelhäher. Er kommt aber über die Hütte. Schnell stoße ich die Türe auf und wirklich ist er genau über mir. Ein tödlicher Schuß wirft ihn vor meine Füße. Es ist jetzt 9 Uhr. Sein Kropf ist voller Maiskörner. Ein Eierräuber weniger im Frühjahr! Ich blättere in der Zeitung: „Westlicher Jäger schießt in einem Oststaat versehentlich einen Treiber an. Er und sein Begleiter werden verhaftet, der Wagen beschlagnahmt ... "

„Krääh, kräh", ... Weit am Bachufer sitzt eine einzelne Krähe am höchsten Baum. Bei jedem Krächzer bückt sie sich und äugt gegen den Uhu. Irgendwie ist sie mißtrauisch, sei es durch Erfahrung, sei es durch die Schüsse. Ich krächze dreimal, viermal beim Fenster hinaus, bis ich einen Hustenanfall bekomme. Und siehe da ... die Krähe streicht ab und kommt in einem großen Bogen gegen den Uhu. Sie kommt lautlos. Ich kann, als sie hinter dem großen Baum gedeckt ist, die Flinte leicht in Anschlag bringen und der leichte Schuß läßt sie 2 Meter vor der Hütte halb im Schnee versinken. Wieder eine Nebelkrähe, stelle ich fest und berge sie. Eigenartig, welche Unterschiede in der Färbung und der Größe vorhanden sind. Die letzte Krähe hat einen verkrüppelten Ständer, eine scheint ein Mischling zwischen Raben und Nebelkrähe zu sein. Es ist jetzt etwa 9.30 Uhr und Zeit zum Jausnen. Genüßlich wird Scheibe um Scheibe des guten Paprikaspecks mit dem Taschenmesser heruntergesäbelt. Auf dem kleinen Ofen wärme ich meinen Tee. Es schmeckt mir hervorragend. Nun ist eine kleine Pause eingetreten. Bei der nahen Fütterung sehe ich einige Fasanen. Zwei Türkentauben gesellen sich zu ihnen. Vom Flugplatz startet jetzt mit großem Getöse eine DC 9. Sie hatte über eine Stunde Verspätung. Ob es über den Wolken wohl herrlich sonnig ist? Eigentlich fehlt uns Stadtbewohnern die Sonne schon recht lange. Meistens ist Hochnebel, auch wenn sonst ein Hochdruckzustand vorherrscht. Aufhellen tut es meistens knapp vor dem nächsten Niederschlag ... Wie ein Pfeil streicht von rechts kommend das Habichtweibchen über den Uhu. Fast 3 Meter über ihm, und schon ist es weg. Auch wenn ich gewollt hätte, ich wäre schwerlich zusammengekommen. Aber es werden keine Greifvögel geschossen. Und schon melden sich die Krähen, was wohl dem Habicht gilt. Einige umkreisen in größerer Entfernung den Uhu. Auf eine Nebelkrähe lasse ich fliegen, aber sie zeigt keine Reaktion. Es war wohl zu weit für die 20-er. Diese Flinte ist zwar sehr gut, hat einen 76 cm langen Lauf und auf beiden Seiten Vollchoque. Sie ist Jahrgang 1924 und schießt wie die meisten älteren Flinten vom Kontinent alle Schrotgrößen gut. Früher war sie als Gelenkgewehr bei einem Büchsenmacher „in Dienst", dann schloß die Firma ihre Pforten und die Flinte wurde verkauft. Später kam sie in meinen Besitz, und ich habe es nicht bereut. Es ist aber doch nur eine 20-er. Wieder höre ich Elstern in der Nähe. Diesmal sitzt eine auf dem Baum und ich hole sie mit dem rechten Lauf herunter. Auf den Schuß streicht eine weitere ab, aber mein nachgeworfener Schuß geht daneben. Während ich sie aufklaube, sehe ich auf die Uhr. Es ist 10 Uhr 6. Am fernen Horizont streichen Dohlen und Saatkrähen zum Schuttablagerungsplatz. Über der Mur sieht man Bewegung, näher auch, aber nicht jede Krähe stößt auf den Uhu. Und dieser ist kein lebender, bloß ein (wenn auch sehr gut) ausgestopfter. — Ich habe es schon mit der Schnur probiert, denn er ist mit Gelenken versehen und „kann" mit den Schwingen schlagen. Aber ich bin draufgekommen, daß es besser ist, ihn ruhig ohne Bewegung sitzen zu lassen. Die schlauen Krähen merken die Unnatürlichkeit der Bewegung meistens und auch die noch so dünne Schnur über dem Schnee entgeht ihren Augen nicht. Natürlich, ein lebender Uhu, das wäre etwas anderes. Aber ich bin auch so sehr zufrieden und fühle mich ausgezeichnet. Jedes Krächzen, jeder Anflug ist eine neue Aufregung. Und man muß aufmerksam und geduldig sein. Echte, ursprüngliche Jagd, nützliche Bekämpfung der Geisel des Niederwildrevieres, der Nebelkrähen und außerdem unterhaltend und garnicht so leicht. Auch wenn die geheizte Hütte ein spezieller Luxus ist. Aber andererseits soll man sich eine Verkühlung holen? Und nicht einmal der Uhu verkühlt sich, denn dieser spürt ja nichts mehr.

Wieder kommt eine lautlos, aber ich sehe, obgleich ich sitze, die Bewegung und mache mich fertig. Sie kommt von vorne, etwas links. Auf den ersten Schuß zeichnet sie, der zweite geht daneben. Sie streicht wie gesund ab, gerade dahin, von wo sie gekommen ist. Nun wird ihr Flug irgendwie langsam und steif, richtig! Sie schlägt die Schwingen zusammen und fällt maustot in den Schnee. Weil ich schon etwas Bewegung brauche, laufe ich sofort, sie zu holen. Etwa 30 Meter vor der Hütte: Schweiß, der immer stärker verspritzt wurde und am Ende wie mit „Kannen vergossen" zur Krähe führt. Ein Schrot mitten auf der Brust. Sie liegt auf 120 Meter. Langsam wird es 11 Uhr. In der Hütte ist es inzwischen so warm geworden, daß auch ich meine Jacke ausziehe. Sorgfältig sammle ich die Patronenhülsen und werfe sie in den Ofen. Die Krähen, Elstern und der Nußhäher liegen eine neben der anderen vor der Hütte. Zu Hause werde ich ihnen die fleischige Brust auslösen und daraus wird eine hervorragende Pastete gemacht. Aus den Schenkeln entsteht eine gute Suppe. Die eine ganz alte Krähe aber werde ich ausschneiden, sie ist sicher steinhart. Da... ein Sperber stößt auf den Uhu, fast berührt er ihn und streicht niedrig der Hecke zu, große Aufregung unter den Amseln verursachend. Längere Zeit können sie sich nicht beruhigen. Als ich ihm nachsehe und die Türe einen Spalt breit öffne, sehe ich das Hermelinwiesel 10 Meter vor mir, völlig vertraut ein Männchen machen. Ich mäusle und es erscheint immer wieder. Der Jagdherr schont aber die Wiesel, weil sie ihm die Wühlmäuse vom Leibe halten. Noch lange habe ich meine Unterhaltung, bis ich 2 Krähen erblicke, die mit ausholenden Schwimmbewegungen, und abgehackt kurz krähend, auf den Uhu zufliegen. Noch kann ich unbemerkt in die Hütte schlüpfen und schon sind sie da. Der klassische Anflug, wütend krächzend wieder und immer wieder. Ich warte, bis alle zwei von vorne kommen, und mein Doppelschuß trifft sie beide voll. Es war keine Kunst, höchstens das Zuwarten, bis der richtige Moment kommt. Und diese lasse ich zur Abwechslung draußen. Mal sehen, wie die anderen Krähen darauf reagieren, umsomehr, als die eine unmittelbar unter dem Uhu liegt. Auf die letzten Schüsse hat sich der Schwarm Saatkrähen hinter dem Bach erhoben und kommt in größerer Höhe über die Hütte geflogen. Ich sehe dazwischen aber auch einige Nebelkrähen und Dohlen. Eine Nebelkrähe fliegt etwas tiefer. Ich versuche es, aber beide Schüsse zeigen keinen Erfolg.

Dann fällt eine ganz andere herunter. Leider eine Saatkrähe, die ein Schrot unbeabsichtigt bekommen hat. Ich bin nicht glücklich darüber, aber es kann passieren. Nun fängt es sachte zu schneien an. Es ist schon fast Mittag, und ich beschließe aufzubrechen. Ein angeschneiter Uhu, der sich nicht abschütteln kann, ist wertlos. Langsam sammle ich meine Utensilien ein. Vor der Hütte lege ich Strecke und fotografiere sie. Ich habe einen Häher, 2 Elstern, eine Saatkrähe, 2 Rabenkrähen und 6 Nebelkrähen geschossen. Ich bin mit meinem Ausflug restlos zufrieden. Als ich dem Wagen zueile, sehe ich weit in der Ferne einen kleinen Flug Ringeltauben. Es sind die ersten des Jahres. –

Fünf Schnepfen an einem Abend

Dunkle Wolkenschwaden huschen, vom Sturm gepeitscht, über die Türme der Burg Forchtenstein, als ich am 26. März die Serpentinen zur „Rosalia" hinauffahre. Der schneebrechende Föhn hat schon vor Tagen die letzten Reste des Nachwinters vertrieben, und der Frost gehört der Vergangenheit an, auch hier am Berg. Prasselnd schlagen Regentropfen gegen die Windschutzscheibe, während im Westen die Sonne die Wolken grüngolden färbt. Als ich zur Hütte komme, sind Jäger Strodl und Freund Feri Hasenöhrl schon angekommen und der Regen hat aufgehört. Nur der Wind heult noch durch die alten Wetterfichten und sein Seufzen bringt warme Luftfetzen in den dunklen Bergwald. Der Jäger und Feri H. — längerer Mißerfolge müde — beschließen in der Kohlstatt zu bleiben, während ich den schlechten und beschwerlichen Weg zum Ziegelmais auf mich nehme. Rumpelnd fährt der Wagen über kotige Löcher, spritzend nimmt er mit Vollgas winterliche Wassertümpel, rutscht, bockt, knirscht und brummt, doch endlich bin ich wohlbehalten am großen Schlag, dort wo der Pürschsteig ins Tal mündet — an meinem gewohnten Parkplatz —, angekommen.

Seit 5 Tagen bin ich schon hier im Rosaliagebirge — an der niederösterreichisch-burgenländischen Grenze — und habe nur einen einzigen Langschnabel geschossen. Er war mir von links am „Hartigplatz" zusammen mit einem anderen ungewöhnlich tief und hart quorrend gekommen, und ich habe ihn am zweiten Schuß geflügelt. Während ich ihn sofort hinlaufend barg, strich ein dritter über meinen Stand. Seit diesem Tag war nichts mehr. Früh und abends bin ich heraußen, übernachte der Einfachheit halber in der Jagdhütte und fahre tagsüber hinunter ins Tal. Entweder nach Siegendorf zum Jagdherrn oder nach Neustadt zu Freund Hasenöhrl.

Der Wagen ist abgesperrt und ich mache mich auf den Weg. Brombeer- und Himbeerranken reißen tiefe Furchen in meine Stiefel. Der Sturm hat aufgehört. Oben an der neuen Trasse am gegenüberliegenden Hang, wo die „Ziegelmais" bürstendick ist, treffe ich den Forstmeister mit seinem Sohn. Auch Freund Wolf Hartig ist gerade angekommen, und wir besprechen gemeinsam unsere Plätze, denn es ist noch Zeit. Wolfi empfiehlt mir eine kleine Lichtung inmitten des Jungwaldes, ich aber möchte am Weg, auf der neuen Trasse bleiben, schon des besseren Ausblickes wegen. Der Forstmeister geht ebenfalls auf die Allee, etwa 300 Schritt weiter, und sein Sohn noch weiter. Wolfi bezieht „seinen" Hartigstand unter dem Hochstand.

Rotgolden und lila ist der Himmel geworden und versinkt langsam im dunkler werdenden Blau. Weggefegt sind die Wolken, der Wind hat sich schlafen gelegt. Ich beziehe Posten am Rande der breiten Allee, dort wo der alte Hohlweg mündet. Rechts auf ca. 50 Meter ist der Pirschsteig, welcher den Kamm entlang zum Hartig-Stand führt. Links auf etwa 100 Schritt macht die Trasse eine scharfe Kurve, um dann bis in das Tal abzufallen, wo sie beim kleinen Bach im alten Weg mündet. Hinter mir ist junger Buchenbestand mit etwa 3 Meter hohen Bäumen, vor mir etwa 1,50 Meter hohe Buchendickung.

Seit Jahren komme ich schon in die „Rosalia" zum Frühjahrsstrich, weil bei uns in der Steiermark zur normalen Durchzugszeit kaum Schnepfen anzutreffen sind. Seit Jahren gehe ich früh und abends auf den Strich, meist Platz wechselnd, um dieses herrliche, vielseitige Bergrevier kennenzulernen, die wunderschönen Abende zu genießen. Meine Ausbeute in 10–14 Tagen, bei täglich 2 Strichgelegenheiten, sind meist 4 bis 5 Stück. Öfters schoß ich nur 2 und einmal, als sehr viel Schnee lag, bloß einen. Es ist meine derzeit einzige Schnepfengelegenheit im Frühjahr.

Früher in Ungarn, im herrlichen eigenen Revier, war meine

Strecke größer. Im Jahre 1944 schoß ich über 30 Schnepfen. Niemals habe ich an einem Abendstrich mehr als 3 Langschnäbel erlegt, und das (im Frühjahr) nur zweimal. Gekonnt hätte ich es aber öfters, denn ich habe — wie so manch anderer — besonders als junger Mensch, auch 8 und 10 Schüsse an einem günstigen Abend „angebracht", ich habe mit einem Wort bei gutem Anflug auch gepatzt, wie das so vorkommt und wie es alle von uns schon erlebt haben. Für mich, der jeden Aublick an jedem Tag, ja auch die „leeren" Tage aufschreibt, ist kein Früh- oder Morgenstrich „umsonst" gewesen. Ich habe die Kamera immer dabei, fotografiere den Sonnenuntergang oder eine schöne Frühlingsblume, Palmkatzerln, Schneeglöckchen. Ich bin auch sehr zufrieden, wenn ich nichts schieße, nur — missen möchte ich den Strichséjour in einem Jahr nicht. —

Das bedeutet natürlich nicht, daß ich unaufmerksam bin und nicht zum Schuß bereit. Auch jetzt halte ich meine alte treue „Springer" fest in den Händen und meine Augen wandern in alle Richtungen. Ein Habicht streicht lautlos und niedrig die Allee entlang, verschwindet im Hohlweg. Ein Fasanhahn meldet schon zum dritten Mal, Ringeltauben streichen in der Ferne.

In der bürstendicken Jungmais melden Krametzvögel, bevor sie schlafen gehen. Als der Habicht vorbeizieht, schimpfen alle Amseln der Umgebung und auch ein schlaftrunkener Häher warnt. Dann ist es still . . .

Über die Trasse, rechts auf etwa 200 Schritt streicht die erste Schnepfe von hinten nach vorne. Auf den Ruf reagiert sie nicht. Ich bin wie elektrisiert, war ja die letzten Tage hier keine Schnepfe mehr zu sehen. Bald streicht wieder eine, diesmal in entgegengesetzter Richtung. Warum wohl der Forstmeister nicht schießt? Doch ich habe keine Muße zu grübeln, denn von rechts vorne kommt in wahnsinnigem Tempo, einander stechend und puitzend ein Paar, wischt vor mir durch, ist unsichtbar, hebt sich erst etwas weiter inmitten der Allee und auf meinen hingeworfenen Schuß fällt die hintere herunter. Da sie geflügelt ist, eile ich dreißig Schritte hin, hebe sie auf, federe sie ab. Währenddessen streicht eine laut quorrend über meinen Stand in Richtung des Hartigplatzes. Dort fällt ein Doppelschuß und ich renne mit meiner erlegten Schnepfe auf meinen Stand zurück. „Unterwegs" passiert eine lautlos die Allee, ich sehe sie spät, hudle, stehe nicht gut und mein Schuß geht daneben. Nun bin ich wieder dort, wo ich hingehöre und schubse mit dem Fuß die leere Hülse weg. Beim Forstmeister fällt ein Schuß. Und schon kommt laut puitzend und quorrend eine einzelne Schnepfe am Alleerand entlang, um auf meinen Schuß vor meine Füße zu fallen. Kaum habe ich nachgeladen, kommt eine von vorne und gleichzeitig weiter unten passiert noch eine die Allee. Ich bin etwas irritiert durch den zweiten Anblick, überdies taucht die Schnepfe elegant weg, und erst am zweiten Schuß fällt sie maustot in den hinter mit liegenden Jungwald. Doch zum Besinnen habe ich heute keine Zeit. Stichgerade von vorne quorrt eine hoch und langsam heran, auch sie fällt mitten auf die Trasse. Nun mache ich mich an die Suche, es dunkelt stark, und bin kaum fünf Schritte unterwegs, als zwei Schnepfen rechts von mir auf etwa 80 m die Allee passieren. Ich beherrsche mich und schieße nicht.

Als ich gerade über einen von Brombeergerank überwucherten Graben steigen will, um unter der Trasse die in den Jungwald gefallene Schnepfe aufzuklauben, streicht von links nach rechts noch eine die Allee entlang. Der erste Schuß geht infolge meines unsicheren Standes daneben, nach dem eleganten Taucher der Schnepfe lasse ich mir Zeit und maustot kommt die fünfte auch herunter. Zuerst nehme ich die zuletzt gefallene Schnepfe auf, dann – es ist mittlerweile ganz dunkel geworden, und noch immer puitzt es und quorrt es um mich herum, wie in einem „Hühnerstall" – mache ich mich daran, die noch fehlende Schnepfe zu suchen. Ausgerechnet heute habe ich die Taschenlampe im Handschuhfach gelassen. Ich suche und suche, stolpere, reiße meine Joppe auf, meine Hände wund und finde die Schnepfe nicht.

Freund Wolfi ist einen anderen Weg nach Hause gegangen und der Forstmeister hat keinen Hund bei sich.

Aufgeregt erzähle ich ihm von meinem unbeschreiblichen Waidmannsheil. Er hat wohl viele Schnepfen gesehen, aber nur auf eine geschossen. Sein Sohn hat eine gefehlt. Beim Hartigstand fielen nur zwei Schüsse. Wir trennen uns und ich fahre zur Jagdhütte zurück. Ich bin meiner Sache sicher, denn die Schnepfe ist gut getroffen. Ich werde sie morgen früh finden. Feri Hasenöhrl und Jäger Strodl gratulieren neidlos. Gut schmeckt mir das Kaiserfleisch und der leichte Wein. Nachdem ich mein Tagebuch ausgiebig beschrieben habe, lege ich mich ins Bett und versuche zu schlafen. Doch immer und immer sehe und höre ich Schnepfen und kann es gar nicht fassen, daß es Wahrheit und kein Traum gewesen ist. Der Forstmeister sagte noch, daß er in Anbetracht der vielen Schnepfen den Jagdherrn anrufen werde und daß diesmal zum Frühstrich sicher einige Schützen kommen werden. Ich bin nach kurzem Schlaf frühzeitig wach und stehe auf meinem gestrigen Platz noch in voller Dunkelheit. Ich höre zwei Wagen in weiter Ferne ankommen und bald einen Huster unweit des Standes. Der Tag erwacht langsam. Im Osten lagern dunkle Wolken, doch wie ein roter Strich umrandet sie der unter dem Horizont hervorlugende Schein der blutigen Sonne. Ich sehe und höre keine Schnepfen. Auch bleibt es um mich herum still, – kein Schuß fällt. Zaghaft erwachen die Vögel. Erst leises Schlagen, Zirpen, Trillern, Jubilieren, dann immer lauter und fröhlicher. Amseln streichen hin und her, unten im Tal meldet der Tauber. Ich genieße diesen Morgen wie selten einen. Es wird immer lichter, doch in der Dickung lagert noch die Nacht. Trotzdem mache ich mich an die Suche und ... mitten am Hohlweg mit ausgebreiteten Schwingen, steif und taunass liegt meine Fünfte! Ich bin am Abend fast draufgetreten. Unendlich zufrieden und glücklich setze ich mich neben sie, bis es ganz hell ist. Einige Aufnahmen verewigen sie, so wie sie gefallen ist.

Als ich zum Stand zurückgehe, liegen die acht leeren

Hülsen da. Der lehmige Boden ist zertreten, wo ich gestanden bin. Dies allein und die erlegten Schnepfen beweisen mir, daß es gestern abend kein Spuk, sondern die Wahrheit, ein ungeheures Glück, ein einmaliges Waidmannsheil gewesen ist, wie man es im Leben nie vorher und nie nachher erlebt. Ich bin den ganzen Vormittag nachdenklich. Ich bleibe oben in der Hütte. Ich fotografiere meine fünf Schnepfen, um eine Erinnerungsbild zu haben von diesem Tag, der die Krönung all der vielen Jahre ist, die ich auf meinen Lieblingsvogel, mein begehrtestes Wild gegangen bin. Es ist die waidmännische Krönung von vielen Tagen des Verzichtes, der Hoffnung, der Entbehrung, der Erwartung. Ich sitze vor der Jagdhütte allein auf weiter Flur in diesem herrlichen, rauschenden Wald während wärmende Sonnenstrahlen mich streicheln und der Ringeltauber unweit um Liebe wirbt. Wieder und immer wieder lasse ich alles „Revue passieren". Hätte ich aufhören sollen? Hätte ich nicht schießen sollen?

Hat nicht schon mancher Jäger oft und oft mehr als 8 Schüsse an einem Schnepfen-Abend verfeuert? Und ich habe ja noch mehr Schnepfen gesehen, gefehlt, passieren lassen. Nein. Ich kann auch mit „Gewalt" keine Reue in meinem ehrlichen Innern verspüren. Nichts trübt meine Freude, außer daß die Jagdgenossen leer ausgingen. Daß ich auch gut geschossen habe, daran denke ich gar nicht. „Hätte ich, hätte ich nicht ...". Sicher kommen mir auch solche Gedanken. Wenn alles gestimmt, geklappt, zusammengepaßt hätte, ... ich hätte auch 9 oder 10 Schnepfen an diesem Tag schießen können. Doch diesen Gedanken verscheuche ich. Daß er kam — ist nicht meine Schuld, ich bin ehrlich und schäme mich seiner. Ich bin aber auch so ehrlich, um mich von Herzen zu freuen, wie schon Jahre nicht. — Es gibt da so Sprüche vom „ersten Stein" und vom „Hand aufs Herz". Ich denke nicht daran. Aber ich werde immer an diesen unvergeßlichen Abend denken. An diesen Tag, der sich in einem Jägerleben nie mehr wiederholt. Ich fühle im Inneren, daß ich ihn verdient habe. — Und meine Dankbarkeit ist ungekünstelt.

In fremder Wildbahn

Bild oben: Im Oktober erscheinen Abertausende von Wildgänsen im Gebiet um den Neusiedlersee. Sie verbleiben hier, bis das Wasser zufriert und der Schnee die Saaten bedeckt, (siehe Kapitel: Der Tag der Tage).

Bild unten: Manchmal verdunkeln sie buchstäblich den Himmel ...

Ein Tag in der Valle

Es war anfangs der fünfziger Jahre mitten im Winter. Eines Tages kam eine Karte aus Italien, die mehr Freude brachte, als ein durchschnittlicher Liebesbrief. Es war eine Einladung meines Freundes Dr. Monti, der mich zur Entenjagd in die Lagunen einlud. Der für unsere Ankunft angesetzte Zeitpunkt war Samstag. Erni Stubenberg, der die Sache organisiert hatte, und in dessen Begleitung ich mitfuhr, konnte mir mit vielerlei Ratschlägen helfen. Die Frage der Kleidung, der Patronen und Waffen war nicht unwesentlich.

Die letzten Tage des Faschings schlichen dahin, als ob wir vor der Abschlußprüfung stünden, unbeschreibliche Vorfreude hatte uns ergriffen, war ja das Ganze zu einer Zeit, als die Reise ins Ausland noch nicht besonders häufig, Jagdexpeditionen nicht selbstverständlich waren. Auch war keine Rede davon, mit dem Auto zu fahren, oder gar – wie man es heute sicher täte – zu fliegen. Die gute alte Bundesbahn sollte uns führen. Damit aber auch sicher die erforderlichen Spezialpatronen, und all die anderen Ausrüstungsgegenstände gekauft werden konnten, verzichtete ich auf den Schlafwagen und der gute Erni aus Solidarität ebenfalls. Vor der Abreise saßen wir im Krebsenkeller in Graz und tranken italienischen Chianti. Der Nachtexpress kam erst um Mitternacht nach Bruck an der Mur, dorthin führte uns ein Bummelzug. Kein Wunder also, daß wir einen guten Wein mitnahmen, um die erforderliche Bett-

Nur selten überstreichen die vorsichtigen Wildgänse den Jäger in Schußnähe. Bei starkem Sturm kann es vorkommen.

schwere zu erlangen. „Waidmannsheil" – klang es von hier und dort. Auch einige Wünsche älterer Damen waren dabei, die in Anbetracht eines gewissen Aberglaubens, der nun in Jägerkreisen einmal üblich ist, unser Erzücken nicht erwecken konnten, doch das alles störte uns nicht, und bald saßen wir zufrieden und müde im Abteil des Rom-Expreßzuges. Die Störung an der Grenze war gering. Erst in Conegliano wachten wir auf und standen nach einiger Zeit am Bahnsteig des Zielbahnhofes. Dr. Monti führte uns, nachdem die zahlreichen Gegenstände verstaut waren, in seine Villa an der Piave. Dort nahmen wir bei angestrengter, dafür aber rein italienischer Konversation ein herrliches Essen ein, und dann ging es mit hundert Sachen der Valle entgegen.

Ein starker Wind blies vom Meer herein, was ein ausgezeichnetes Omen war, da die verschiedenen Wasservögel durch den starken Wellengang auf See Richtung Valle getrieben wurden. Am Turm des Jagdhauses war ein Scherenfernrohr angebracht, mit dessen Hilfe wir noch am Abend Hunderte von Enten in den verschiedenen Winkeln der Valle sahen. Bald trieb uns aber der Wind hinunter. Zu dem folgenden ausgezeichneten Abendessen trank man fünf verschiedene Weinsorten aus der Umgebung von Venedig, der Toscana, aus Neapel und aus Frascati. Am Ende Sekt und starken Kaffee. Schon um zehn Uhr lagen die meisten Herren im Bett. Vor lauter Erwartung schlief ich mittelmäßig. Punkt 5.20 Uhr wurden wir geweckt. Nun ging alles schnell. Der dem Schützen zugeteilte Jäger verstaute alles im Boot, jeder bekam ein automatisches Gewehr dazu, Lockenten wurden aufgeladen, der mit Lebensmitteln gefüllte Drehsitz für die „botte" ebenfalls, und nach einem kräftigen „la bocca in lupo" ging es in verschiedene Richtungen hinaus. Im Boot konnte man halb liegen, während das gleichmäßige Plätschern der Ruder, das verheißungsvolle Geschnatter der Enten und der Leuchtturm von Jesolo die Stille und die Dunkelheit unterbrachen. An den Sternen konnte ich ersehen, daß wir in einem großen Halbkreis fuhren, und ich war eigentlich erstaunt, als wir nach links einbogen und plötzlich hielten. Der Jäger schöpfte die botte, ein in den Boden versenktes Betonfaß, aus, stellte den Drehsitz hinein, einige Taschen Patronen und die beiden Waffen wurden nachgereicht und dann verschwand er mit der Anordnung, erst nach dem Anblasen mittels der überdimensionalen „Tromba" mit dem Schießen zu beginnen.

Es dauerte eine geraume Zeit, bis ich mich in diesem finsteren Loch zurechtgefunden hatte. Am liebsten hätte ich den ganzen Sitz hinausgeworfen, aber dafür war es auf diesem brettelebenen Inselchen, auf dem ich saß, zu spät. Schon sah ich Unmassen von Enten, der Tag graute, da erscholl die „Tromba". Oder war es ein Autobus von der Straße nach Jesolo? Die angepflockten Lockenten wippten gleichmäßig in den Wellen. Da fing mein entfernter Nachbar zu schießen an. Ich hebe das achtschüssige Cosmi und warte gespannt. Wie aus dem Nichts sind auf einmal Enten da, ich schieße dreimal, und eine purzelt hinter mich, während schon andere ankommen und es auf der ganzen Valle zu knallen beginnt. Es wird lichter und ich schieße fleißig. Dabei merke ich, daß ich einen Fehler begehe. Die Enten kommen, wenn sie überhaupt auf die Lockenten reagieren, immer gegen den Wind von halb rechts nach zwei Kreisen, um vor mir einzufallen. Ich müßte eigentlich warten, bis der ganze Schof ganz nahe, also vor dem Einfallen ist, schieße aber begreiflicherweise schon im ersten Kreise halblinks nach hinten. Während die Sonne aufgeht und ganz plötzlich die Alpen zum Greifen nahe sind, habe ich schon 25 Enten geschossen. Ich denke, es wird so weitergehen. Doch der Frühstrich flaut ab, und es kommen nur noch die Enten, die zur Valle gehören, vorsichtiger und schneller.

Ich hätte mit etwas Routine das Doppelte haben können, besonders mit dem ausgezeichneten Automaten. Wenn zwei Enten kamen, nahm ich meine Springer, und dann war die Sache verhältnismäßig einfach. Noch immer knallt es, besonders bei Erni. Ich schaue in einer kleinen Pause dorthin und sehe vier Pfeifenten direkt auf ihn zustreichen. Da knallt es viermal, und von den vier Enten sehe ich nichts mehr. Alle vier sind gefallen. Ich greife in den Sitz, um etwas zu essen und ein wenig Tee zu trinken. Wie ich die Thermos aufmache, kommen fünf Löffelenten. Ich habe dummerweise das Doppelgewehr in der Hand und schieße die zwei ersten schön hinaus. Die anderen drei kreisen noch zweimal, dann kommen sie wieder. Ich habe gewechselt, schieße mit dem Comsi, und auf den dritten Schuß kommt die unterste herunter. Da, eine Becassine von rechts und zwei Bläßhühner ganz hoch von hinten. Ich schieße auf den zweiten Schuß die Becassine, während die braven „folaghe" die Richtung nicht ändern, bis auch sie fallen. Um 10 Uhr herum wird es vorübergehend besser. Der eine Gast, ein Commendatore aus Treviso, verläßt die Botta, und eine Anzahl Enten wird dadurch roglich. Ich schieße zwei Doubletten und noch drei einzelne, fehle aber einige schändlich.

Die Flugrichtung der Enten ist mir schon bekannt. Sie streichen nun dem Meer zu. Der Wind hört auf, es wird dunstig. Wie aus dem Himmel gefallen, sind plötzlich die Enten da, wenn man eine Sekunde vorher auch nichts gesehen hat. Bald wird es ganz flau. Der Jäger klaubt alles zusammen. Bei mir liegen vierzig Enten, darunter zehn Spießenten, fünf Pfeifenten und fünf Löffelenten, sechs „folaghe" und eine Becassine. Dann geht es zurück zum Jagdhaus. Dort erwartet man mich schon mit Hallo und filmt sogar meine Einfahrt. Erni steht strahlend vor seiner Strecke. 69 Enten hat er geschossen, außerdem Bläßhühner. Interessant, daß bei ihm Arten gekommen sind, von denen ich nicht eine gesehen habe.

Wir packen unsere Siebensachen, der Hausherr schenkt jedem von uns drei schöne Aale, einige Enten für das Museum in Eggenberg werden mitgenommen, dann geht es in friedlicher, sonntäglicher Landschaft in rasendem Tempo zum Bahnhof. „Arrivederci" sagt Freund Monti — und in den nächsten Jahren sollte ich noch öfters die schöne Valle besuchen...

Im Abteil denken wir an die einfallenden Vögel vor azurblauem Hintergrund. Vor uns sitzt ein Liebespärchen, auch schläfrig, in gemütlicher, echt italienischer, irgendwie ergreifender Haltung. Er hat die Augen geschlossen, während sie ihn unverwandt anschaut. Anscheinend ein Paar auf Hochzeitsreise. Allmählich nicke ich ein. Doch das Unheil naht. Ein Aal, natürlich totgeglaubt und sorgfältig in Papier gepackt, war noch am Leben. Während das Pärchen sich verliebt in die schläfrigen Augen sieht, geschieht es ... Ein Plumps, ein zappelndes, nasses, schleimiges, blutiges Ungeheuer fällt, schlangenhaft schlagend, der Donna auf den Schoß. Ein Schrei, ein fürchterlicher, markerschütternder Schrei, wir schrecken auf ... Was nachher geschah, darüber schweigt die Chronik. Ich weiß nur, daß wir das Tier unter dem Gelächter der Grenzgendarmen im Gang des Zuges erschlagen mußten und daß das Liebespärchen zur Stärkung eine „Grappa" zu sich nahm.

Als wir dann den tapferen Aal – in Butter gebraten – verspeisten, lachten wir nochmals über das Malheur mit der schrecklichen „Bestia" am Abend jenes Tages, als uns die Valle so viel Waidmannsglück bescherte ...

Winterjagd in Westfalen

An diesem Dezembertag hatten wir uns viel vorgenommen. Ich verbrachte mit meiner Mutter und 2 Brüdern Weihnachten in Schwarzenraben, wo durch die Güte unserer Gastgeber und eingedenk unserer unverändert großen Jagdpassion das Waidwerk fast täglich auf seine Rechnung kam.

Schloß Schwarzengraben liegt in der Nähe von Lippstadt und ist ein wunderschönes altes Schloß im Besitz der Familie Ketteler. Es herrscht dort ein für unsere östlichen Verhältnisse mildes, fast immer trübes Winterwetter. Auch im Dezember und Jänner sind hier Schnepfen und Ringeltauben anzutreffen. Darüber hinaus gibt es einen guten Rehstand, Sauen, Füchse und Niederwild, darunter sehr viele Karnickel.

Vormittag wollten wir Frettieren. In zwei Wägen fuhren wir schon um 8 Uhr früh in das Revier Ehringerfeld, wo die meisten Karnickel heimisch sind. Zu jener Zeit gab es in diesen Breiten noch keine Mixomatose. Das Frettchen war allerliebst und ganz zahm. Zuerst wollte es gar nicht aus seinem Korb. Dann aber, als wir schon rund um die kleine Bau-Kolonie postiert waren, nahm es Witterung und schon war es eingeschloffen. Ich hatte diese Jagdart, bei der die Karnickel vom blutrünstigen Frettchen aus den Bauen gejagt werden, noch nie erlebt und aufgeregt harrte ich der Dinge, die da kommen sollten. Das Frettchen (mustela furo L.) ist eine hellgelbliche oder fast weiße Abart des Iltis, von nordafrikanischer oder südeuropäischer (spanischer) Wildform domestiziert, lebt aber in Sardinien und Sizilien auch heute verwildert.

Unserem Frettchen wurde eine ganz kleine Glocke umgehängt, denn es soll vorkommen, daß der Jagdiltis ein Kaninchen reißt, und vollgefressen im Bau ein Schläfchen tut, statt brav zu seinem Herrn zu kommen. Dies soll durch das Anbringen einer Glocke verhindert werden. Das erste Karnickel kam so schnell, daß ich es mit meinem engschießenden „Springer" beidläufig fehlte. Besser erging es Feri, der eine Doublette schoß. Gleich darauf traf ich aber auch eines, und bald war das Frettchen wieder heraußen. So gingen wir zu allen bekannten Bauen und größeren Kaninchenkolonien und bis 11 Uhr hatten wir bereits 24 Stück geschossen. Es kam auch vor, aber in diesem Fall nur einmal, daß kein Kaninchen im Bau war. Das Frettchen war sehr „diszipliniert", kam immer sofort hinaus. Vor dem Schloß wurde Strecke gelegt und anschließend ein frühes Mittagessen eingenommen. Für 13 Uhr waren wir nach Alme im Kreis Brilon gebeten worden, wo uns der freundliche Jagdherr Graf Wilderich Spee, ein Nachfahre des legendären Admirals Graf Spee, zu einer kombinierten Sau- und Fuchsjagd gebeten hatte. Alme liegt im Sauerland, einem landschaftlich überaus reizvollen, waldigen Gebiet, wo Sauen und Hochwild heimisch sind. Überhaupt fällt einem in Westfalen auf, daß fast keine Streusiedlungen vorkommen, daß zwischen Ortschaft und Ortschaft nicht gebaut wird und daher trotz der Bevölkerungsdichte, das Wild einen ruhigen Einstand hat, weite Gebiete völlig menschenleer sind. Zumindest *war* es noch damals so, als der jagdfeindliche „Spazier-Tourismus" das Wild noch nicht so beunruhigte wie heutzutage.

Auf die Minute pünktlich sind wir am vereinbarten Ort angekommen. Graf Spee begrüßt seine Gäste, das sind drei Meran- und zwei Kettelerjünglinge, und ab geht es zum ersten Trieb, unweit des Meierhofes. Hier wird Buchenaltholz von bürstendicken Kulturen abgelöst, dazwischen sind breite Schneisen, wenig Nadelholz, alles auf hügeligem Gelände. Mittags ist die Sonne herausgekommen und blaugolden glitzert der Schnee zwischen den von Rauhreif behangenen Ästen. Ich bekomme den obersten Stand auf einer Schneise, unter mir Feri und einer meiner Vettern, links von mir ein anderer Vetter und Bruder Max. Die — übrigens zahlreichen und freundlichen — Treiber wurden schon vorher angestellt und pünktlich um 13.15 beginnt der erste Trieb. Sehr bald knallt es unter, gleich darauf auch links von mir. Nach rechts zu Feri sehe ich gut, er hat in den Trieb geschossen. Maxis Betätigung blieb mir jedoch verborgen, weil zwischen uns die Dickung eine Ecke bildet, die ihn und meinen Vetter verdeckt. Ein Eichelhäher überfliegt mich, dann eine Fasanhenne. Plötzlich steht keine 15 Meter von mir ein riesengroßer Fuchs und äugt nach links, wo eben mein Nachbar gepfiffen hat. Ich stand Gott sei Dank ganz ruhig und kann nun in Zeitlupen-Tempo die Flinte heben. Fast bin ich in Anschlag, als die Lichter des Fuchses in jäher Angst aufglitzern – er wirft sich herum, doch kann ihn mein in die Dickung nachgeworfener Schuß noch erreichen. Laut klagend wälzt er sich, offensichtlich schwer getroffen, hin und her. Ich mache einige Schritte zur Seite, und mein zweiter Schuß läßt ihn verstummen. Kaum habe ich geladen, kommt ein Hase, den ich strecke. Dann fehle ich einen prachtvollen Fasangockel, den Vetter Klemens zur Strecke bringt. Nun sind schon die Treiber vor mir. Groß ist das Interesse und die unverhohlene Freude der passionierten, meist älteren Männer. Es liegen drei Füchse, wovon der meine ein echtes Prachtexemplar ist. Der Jagdherr lobt uns, denn alle Füchse, die im Trieb waren, sind gestreckt worden. Gleich geht es weiter zu einem größeren Trieb, mit Eichen-Altholz und Fichtendickungen. Da sollen auch Sauen vorkommen. Während Feri und meine zwei Vettern Kugelläufe bzw. Büchsen mitführen, haben Maxi und ich nur einige Patronen mit Flintenlaufgeschossen mit.

Das An- und Abblasen der Triebe (bei uns in Österreich nur einfach oder gar nicht, auf jeden Fall selten durch Signale durchgeführt) erfreut mich hier in Deutschland immer, regt meine Stimmung an. Nichts ist schöner, als unter wenigen, guten Freunden im stillen, winterlichen Wald nach dem Anblasen erwartungsvoll auf dem Stand zu stehen.

Und dieser Stand ist wirklich malerisch. Vor mir eine größere Mulde, die in einen Hohlweg mündet, ganz schütter durch Rosenbüsche und andere Sträuche, die sich unter dem Rauhreif wie Zuckerkugeln ausnehmen, belebt. Dahinter eine große Dickung, teils Buche, teils Eiche, und hinter mir Eichenhochwald. Auf der anderen Seite der Mulde, jenseits des kümmerlichen Fahrweges, Fichtenkulturen unbekannter Ausdehnung. – Leider war die Sonne wieder verschwunden und bleierne Wolken ziehen auf. Bald verfinstert feiner Sprühregen die Landschaft, doch sind wir alle gut angezogen. Nach einiger Zeit hört der Regen auf.

Ich habe gerade vor mir in die Mulde geblickt, als es rechts in der Fichtendickung zu rumpeln beginnt. Zwei Überläufer kommen in mäßigem Tempo auf die Lichtung. Längst habe ich beide Läufe auf Brennecke umgeladen und erwarte die hinter den Büschen verschwundenen Schwarzkittel halb in Anschlag. Doch ich warte vergebens. Im Hohlweg, unbemerkt von meinem Stand, wechseln sie anscheinend in die Buchendickung hinüber, denn beim dortigen Schützen knallt es zweimal. Ich habe keine Zeit, mich über mein Pech zu ärgern, enttäuschte Vorfreude schmerzt bekanntlich doppelt, als ein Fuchs etwa zwanzig Gänge von mir über den Fahrweg hastet. Er hat keine Ahnung von mir und sieht sehr besorgt und geschäftig drein.

Als er unschlüssig einen Moment innehält und überlegt, ob er umkehren, oder den Hohlweg überfallen soll, wirft ihn mein Schuß einfach um, und er regt keinen Lauf mehr. Erst beim Nachladen bemerke ich, daß ich mit der Kugel geschossen habe. Dementsprechend erwarte ich auch, einen völlig zerfetzten Fuchs vorzufinden. Wie ich aber nach dem Trieb feststellen kann, ist das Flintenlaufgeschoß ohne zu reißen glatt durch den Hals, und die Decke ist kaum beschädigt. Doch noch ist es nicht so weit. Ein lustiges Geknalle auf allen Seiten, dann erscheint wieder ein Fuchs, doch ganz oben am Rande der Dickung, um sofort wieder umzukehren. Zwei Hasen lasse ich passieren, dann ist der Trieb aus. 2 Füchse, 4 Hasen liegen, die Überläufer sind nicht auf der Strecke, einer allerdings schweißt stark. Der eine Jäger nimmt die Nachsuche mit dem guten Hannoveraner auf, und noch während wir zum letzten Trieb unterwegs sind, hören wir den erlösenden Fangschuß und das „Sautot"-Signal.

Der letzte Trieb ist eine mittelgroße, kreisrunde Fichtenkultur inmitten eines Buchenwaldes mit gutem Ausschuß. Die Treiber stellen sich halbkreisförmig auf und durch die sechs Schützen und den ebenfalls bewaffneten Oberförster wird die ganze Dickung so gut es geht umstellt.

Mein Stand ist diesmal am Rückwechsel, doch hat dies überhaupt nichts zu bedeuten, da die Treiber noch einmal zurücktreiben werden. Nun kommt die untergehende Sonne das letzte Mal blutrot aus den grau-lila Wolken und der Schnee fängt an zu gefrieren. Vor mir ein älterer Sauwechsel, ganz frische Fuchs-Fährten in den Trieb hinein. Mein rechter Nachbar ist Maxi, der linke Klemens Ketteler. Ich habe nicht lange zu warten, denn die Treiber gehen sogleich an, und diesmal wurde uns eingeschärft auf alles jagbare Wild sofort zu schießen, da der Treib ja umstellt sei. Kaum sind die Treiber etwa 50 Schritte entfernt, kommt ohne Aviso mitten am Wechsel ein ganz dunkler Fuchs gemächlich und langsam, daß es eine Leichtigkeit ist, ihn zu strecken. Er scheint sich in der fast undurchdringlichen Dickung einfach gedrückt zu haben und hat die Treiber vorbeigelassen. Bald knallt es weiter vorne und bei Maxi, der mir auch ein Zeichen gibt. Doch so sehr ich schaue, ich sehe nichts. Dann ist urplötzlich und lautlos ein Hase da, den ich auf 15 Schritt fehle, doch hatte ich nur eine Schrotpatrone geladen, im linken Lauf lauert optimistisch eine Kugel. Eine kleine Pause entsteht, offenbar haben die Treiber gewendet.

Es ist nicht nur merklich kühler geworden, auch ein kleiner Wind ist aufgekommen. Im Bestand herrscht blaues Dämmerlicht.

Auf einmal infernalisches Geschrei bei den Treibern, Rauschen, Rumpeln und Brechen, und zwischen mir und Maxi wechseln in mäßigem Tempo 3 mittelgroße Sauen heraus. Bevor ich schießen kann, knallt es auf der anderen Seite, die Sauen werden plötzlich schnell, und mein im rasenden Tempo auf gut 80 Schritt im Hochwald nachgeworfene Brennecke-Schuß zeigt kein Resultat. Schade! Das wäre ein guter Abschluß gewesen. Bruder Maxi hat auch einen Schuß angebracht, doch steckt seine Kugel in einem Baum. Trotzdem ist der Trieb gut gelungen und ergab 3 Füchse und 5 Hasen. Bald wird vor dem Schloß die Strecke gelegt und verblasen. Es liegen: 1 Überläufer, 8 Füchse, 14 Hasen, 1 Fasan und ein Eichelhäher. Für eine kurze Nachmittagsjagd wohl ein fabelhaftes Ergebnis. In Schloß Alme bekommen wir ein herrliches Abendessen serviert, köstliche Weine werden kredenzt, und noch lange unterhalten wir uns mit dem so großzügigen Jagdherrn, der seit diesem Tag von uns den Namen „Fuchsenonkel" erhält. Noch einige Male haben wir die Freude, von ihm eingeladen zu werden, und immer sind es bemerkenswerte, gut geführte Jagden, die in Erinnerung bleiben. Nun deckt schon lange der grüne Rasen unseren freundlichen Gönner, Jahre und Jahre sind seither vergangen.

Ich halte ihm ein ehrendes und dankbares Angedenken.

Hofjagd in Belgien

Ende des Jahres 1954 erhielt ich eine Einladung, an der alljährlichen Saujagd in den Revieren des Königs von Belgien in den Ardennen teilzunehmen. Mein Bruder Feri war damals Jagdleiter der Prinzessin Liliane in Hinterriss, und ihr verdankte ich diese Einladung. Es war Anfang Jänner, als wir uns von Westfalen aus per Bahn auf die Reise machten. Schon an der Grenze wurden wir von einem Lautsprecher angesprochen, nicht am Brüsseler Hauptbahnhof, sondern am „Gare de Midi" auszusteigen, wo uns ein Wagen erwarten würde. So war es auch. Ein livrierter Chauffeur empfing uns, und mit einer Hoflimousine wurden wir nach Schloß Laeken gebracht, wo wir als persönliche Gäste Unterkunft fanden. Mit demselben Zug kam Erzherzog Otto von Habsburg an, er fuhr aber in einem anderen Wagen.

Zu dieser Zeit war Schloß Laeken noch von König Leopold und Prinzessin Liliane bewohnt. Ersterer und König Baudouin waren damals keine Jäger – dafür die Prinzessin eine hervorragende. (Später ist König Baudouin auch Waidmann geworden.) Zur Abendtafel waren wir von der königlichen Familie gebeten. König Baudouin zeigte uns vorher das ganze Schloß. Imposant fand ich einen modernen Turnsaal und eine Halle mit Leichtathletikgeräten. König Baudouin zeigte uns sein Können als ausgezeichneter Sportler. Später spielten wir mit Prinz Alexander Fußball im Turnsaal, verspäteten uns und es war peinlich, als zwei gekrönte Könige und Erzherzog Otto auf uns warten mußten. Am nächsten Tag ging es per Auto in die Ardennen, nach Hertogenwald in der Nähe von Spaa. Der Kurort Spaa ist als Hauptquartier des deutschen Kaisers im ersten Weltkrieg bekannt, während der deutschen Offensive im Dezember 1944 war er Hauptquartier eines amerikanischen Korps. In Hertogenwald war die Zusammenkunft mit den übrigen Jägern der Saujagden und in einer komfortablen Baracke bezogen wir Quartier. Hier waren drei Jagdtage geplant. Jeder Schütze bekam täglich eine vorgedruckte Karte mit den eingezeichneten Trieben, an deren Front oder Flanke sein Stand mit roter Tinte vermerkt wurde. Die Jagdleitung hatte für alle sechs Tage Herr Vicomte du Parc. Es waren 18 Stände an allen Tagen vorgesehen. Nach einem Abendessen im Speisezimmer der Baracke gingen wir relativ früh zu Bett. Am nächsten Tag in der Früh erwartete uns ein ausgiebiges Frühstück und auf ging es zum nahen Rendezvousplatz. Was mir zu allererst auffiel, war die mehr sportliche als jagdliche Kleidung der Teilnehmer. Die meisten hatten zweiläufige Kipplaufstutzen mit Ejector, die keine Kimme, eine gerade Laufschiene wie die Schrotflinten und ein kleines, aber rundes Korn hatten. Ich führte damals noch meine Mannlicher-Schönauer 9,5×57 mit 4-fachem Fernrohr. –

Ich versuche nun den dritten Hertogenwalder Tag zu beschreiben: Im ersten Trieb war ich auf der Seite postiert, etwa 3 Stände vor der Ecke, die eine Grenze zwischen „Front" und „Flanke" bildete. Vor mir bürstendicker Jungwald, hinter mir schütterer Mischwald. Es war uns streng eingeschärft worden, nicht in die Triebe zu schießen. Im Falle des ersten Triebes, der in völlig flachem Terrain lag, eine Selbstverständlickeit. Auffallend war, daß die meisten belgischen Jäger sich von Haus aus mit dem Rücken zum Trieb aufstellten, um besser über die Allee auf das hinauswechselnde Wild zu schießen. Sie standen knapp am Triebrand. Ich konnte mich nicht zu dieser Aufstellung entschließen, mich interessiert es ja brennend, was im Trieb vorgeht. Frei zum Abschuß waren Sauen, Kahlwild, Füchse und Rehe (auch Böcke). Verschiedene Stöberhunde undefinierbarer Rasse, aber besonderer Qualität wurden im Trieb ausgelassen. Mein rechter Nachbar war der Großmarschall der Krone, der ehemalige belgische Botschafter in Wien, Graf D'Aspremont, mein linker Nachbar eine Dame.

Zwischen dem Großmarschall und seinem Nachbar kam eine Rotte Sauen, in großer Eile, wie es schien. Vier Schüsse krachten und drei Sauen roullierten. Hut ab vor der Schießfertigkeit der Belgier! Meiner Nachbarin, einer Französin, kam ein Frischling, dem sie das Kreuz zerschoß, sich aber nicht entschließen konnte, ihm den Fangschuß zu geben. Den ganzen Trieb hindurch hörte man den armen Frosch kläglich quieken. Leider konnte ich ihn nicht sehen. Andere Länder, andere Sitten. Es lagen insgesamt 5 Sauen und 2 Stück Kahlwild in diesem Treiben. Im nächsten Trieb stand ich am Rückwechsel. Das Wild vom ersten Trieb war auf einen großen Pferdewagen geworfen worden, der nun neben mir auf der Alleekreuzung stand. Überhaupt waren alle Triebe von Alleen begrenzt, die etwa 5 Meter breit waren. Schnee lag nur im Schatten, sonst war es aper. Als die Treiber mit großem Getöse losgingen, und etwa 150 Schritt weit waren, hörte ich im Bestand plötzlich ein Brechen und ein einzelnes Tier erschien in leichtem Troll vor mir. Da eine erhebliche Bodenwelle guten Kugelfang bildete, schoß ich es halbspitz in der Flucht und es fiel im Feuer. Nur mit Mühe konnte ich den Mann vom Pferdewagen hindern, es sofort zu holen und aufzuladen. Streckenlegen und ähnliche „germanische" Bräuche waren damals dort noch nicht üblich. Das Wild (le gibier) wurde achtlos aufeinandergeworfen. Auf einen flüchtigen Fuchs, der gegen Ende des Treibens ohne Aviso die Allee überfiel, kam ich nicht zusammen, sah aber weit beim fünften Stand, wie einer in voller Flucht roulliert wurde. Wie es sich herausstellte, war die Schützin Prinzessin Liliane. Im dritten Trieb endlich stand ich vorne an der „Brust". Vor mir eine Buchenjugend, daneben dichteste Fichtenkultur, hinter mir Stangenhochwald. Dazwischen ein etwa 3 Meter breiter Weg, keine Allee wie sonst, und dieser Weg: unpassierbar, gefrorener Kot. Bald nach Anfang des Triebes höre ich näherkommenden Hetzlaut, und etwas später überfällt neben mir ein Bache mit drei Frischlingen den Weg. Da ich nach hinten guten Ausschuß habe, warte ich, schieße den einen Frischling im Feuer zusammen und feuere noch dreimal auf die anderen. Der eine wird merklich kürzer und bald höre ich Standlaut eines Köters. Die beiden anderen Köter „beschäftigen" sich mit dem ersten Frischling. Es knallt in diesem Trieb ganz lustig, und als das Jagdfrühstück serviert wird, liegen 12 Sauen und 5 Stück Hochwild, 3 Füchse und 1 Rehbock. Ich kann mich nicht mit dem Abschuß abgeworfener Rehböcke befreunden. Übrigens kam mein zweiter Frischling ohne Fangschuß zustande. Der erste war Hochblatt getroffen. Ich hatte diesmal ohne Fernrohr geschossen. –

Nachmittag sind ebenfalls drei Triebe, obgleich das Essen bis 14 Uhr dauert. Aber in Belgien dauert der Tag länger, als bei uns im Osten, und Anfang Jänner ist um 17 Uhr noch gutes Schußlicht. Bruder Feri schießt einen Keiler, ich fehle einen flüchtigen Fuchs auf etwa 50 Schritt, diesmal mit dem Fernrohr, da ich guten Ausschuß nach hinten habe und mir einbilde, mit dem Glas weit nachschießen zu können. Sonst kommt mir an diesem Tag nichts mehr. Die Strecke beträgt am Abend 16 Sauen, 7 Kahlwild, 4 Füchse, 1 Rehbock. Noch am selben Tag wird von Hertogenwald nach St. Michel übersiedelt.

Hier kommen wir in einem Forsthaus unter. Das Abendessen ist besonders gut, nach dem Diner werden uns Erinnerungsabzeichen verliehen. Schon um 7 Uhr früh ist Frühstück. Das Gebiet ist ähnlich wie in Hertogenwald, und es fallen in 6 Trieben 11 Sauen, 6 Stück Hochwild und 7 Füchse. Meine Strecke ist ein Fuchs, sonst nichts, aber ich sehe viel Wild. Nach der Jagd übersiedeln wir nach St. Hubert, wo zwei Tage gejagt wird. St. Hubert ist jener belgische Ort, der mit der St. Hubertus-Legende in Zusammenhang gebracht wird, und ebenfalls königliche Jagd. – Im zweiten Weltkrieg waren hier große Kämpfe und Truppenverschiebungen im Gange, nicht zu letzt zur Zeit der Ardennenschlacht im Dezember 1944. – In St. Hubert gibt es eine berühmte Hubertuskirche, ein Denkmal des Königs Albert, einen Flugplatz und ein Arboretum.

Am ersten Tag sind 5 Triebe angesetzt. Der erste Trieb heißt „Fays-Geai" und wird von der „Vieille Doneuse" in Richtung Borne getrieben. Ich habe den Stand Nr. 15 an der rechten Flanke auf einem Weg. Vor mir Dickung, hinter mir schütterer Hochwald. Es fallen einige Schüsse auf der anderen Seite bei den Ständen 5 bis 10 und schon kommen die Treiber bei mir vorbei. Ich erwarte mir nicht allzu viel, doch ich bin aufmerksam, als ohne Vorwarnung ein Fuchs vor mir durch das hohe Gras schnürt. Mein gut gezielter, überlegter Schuß legt ihn um. Die Kugel hat die Decke nur wenig beschädigt. Es ist ein sehr schöner dunkler Rüde.

Im zweiten Trieb, der „Nouvelle Doneuse", habe ich Stand Nr. 12 und stehe auf der linken Flanke, die Stände 11 bis 14 sind auf einer Allee, 10 bis 6 ist Brust 17—18 und 1 bis 5 ist rechte Flanke, 15—16 Rückwechsel.

Der Trieb ist dichter Jungwald. Mir kommt diesmal nichts, aber mein linker Nachbar schießt zwei Sauen aus einer sehr großen Rotte, die unsichtbar von mir um die Ecke durchbricht. Ansonsten fallen 3 Tiere und 2 Füchse. Der dritte Trieb heißt „Palognes" und wird von der Baraque des „Sapins Fi" gegen Westen getrieben. Ich habe den Stand Nr. 9 so quasi am Rückwechsel. Gar nicht weit von mir wird schon das Jagdfrühstück vorbereitet. Vorne entsteht eine große Kanonade, anscheinend auf Hochwild, denn auch ich sehe welches beim 5-er Stand zurückbrechen. Auch Sauen sind im Trieb und es werden einige geschossen.

Nach dem guten Jagdfrühstück geht es eilig zum Trieb Nr. 4, dem „Grand Carré", einem ehemaligen eingestellten Jagen. In diesem Trieb steht das Monument des Königs Albert. Der Trieb wird von der Straße nach Nassogne in Richtung Ost getrieben. Ich habe die Nummer 10 und bin wie die Stände Nr. 8 bis 14 am Rückwechsel. Der Trieb ist klein und ganz umstellt. Die Frontstände sind Nr. 18, sowie Nr. 1 bis 4. Ich stehe auf einer mittelmäßigen Straße, die beidseitig von einem jungen Stangenwald flankiert wird. Es hat leicht zu schneien angefangen und es ist recht kalt. Kaum sind die

Treiber abgegangen, großes Geschrei und in voller Flucht kommen drei Überläufer zwischen mir und meinem deutschen Nachbarn über die Straße. Ich schieße zweimal und der eine Überläufer liegt mit Blattschuß. Den anderen fehle ich, er wird jedoch die Beute meines Nachbarn, der auch den dritten anschweißt. Abermals ist viel Hochwild im Trieb und kommt auch zu Schuß. Ich sehe eine Rotte Sauen, weit weg, beim Stand Nr. 14 zurückbrechen. Der letzte, ein guter Keiler, liegt mitten auf der (Gott sei Dank abgesperrten) Straße. Es schneit immer mehr, und auch Wind kommt auf.

In schnellem Tempo gehen wir zum letzten Trieb. Dies ist der kleinste des Tages, eine Dickung zwischen Grand Carré und Palognes, die „Beoli" genannt wird. Die Front ist schmaler als die anderen Seiten und wird von den Ständen 8 bis 10 gebildet. Ich stehe weit vorne an der linken Flanke und habe den Stand Nr. 12. Neben mir steht die Jagdherrin auf Stand 11, auf der anderen Seite ein belgischer Minister. Es schneit so stark, daß ich das Fernrohr abnehmen muß. Sauen brechen an der rechten Flanke und am vorderen Eck aus und werden mit Pelotonfeuer empfangen. Ganz nahe vor mir schnürt ein Fuchs, doch kann ich in Anbetracht des kleinen Triebes und des flachen Geländes nicht schießen. Neben der Prinzessin überfällt er die Allee und wird erlegt. Ein sauberer Kugelschuß. Noch bin ich in Betrachtung versunken, als ein kleines Rudel Hochwild rechts von mir, jedoch näher zum 13-er Stand die Allee überfällt. Ein Schmaltier schieße ich, ein Kalb allerdings fehle ich. Dann wird bald abgeblasen. Auf der Strecke liegen 11 Sauen, 10 Stück Hochwild und 5 Füchse. Ein prachtvolles Jagdhornkonzert beendigt diesen einmaligen Tag im historischen St. Hubert. Für mich heißt es Abschied nehmen, und im Cadillac, in dem mein Gepäck schon ist, werde ich nach Brüssel gebracht, wo ich den Schlafwagen erreichen muß. Die übrige Jagdgesellschaft verbringt aber noch je einen schönen Jagdtag in St. Hubert und in Ciergnon. Lange denke ich an diese schönen Tage zurück, während ich im Schlafabteil des Tauernexpress liege.

Auf Enten und Tauben in Ägypten

Noch am Vortag, dem 18. Dezember 1966, war ich im Burgenland zur Fasanjagd eingeladen, nun sitze ich in Schwechat in der Caravelle für Kairo, die soeben auf die Startbahn rollt. Es ist Nachmittag. Ein kurzer Stopp, dann heulen die Motoren auf, steil hebt sich die Maschine vom Boden. Eine Schleife noch, dann nehmen wir östliche Richtung. Seit vielen Jahren überfliege ich wieder einmal die ungarische Grenze. Kurze Zeit später sind wir schon über Budapest — leider ist es bereits finster —, eine Schleife gen Süden, dann folgen Belgrad, Skoplje, und nach kaum zwei Stunden landen wir in Athen. Kurz ist dort der Aufenthalt, dann geht es weiter: über Kreta, Alexandria nach Kairo. Am Flughafen werde ich erwartet. Die Formalitäten sind kurz. Das Abendessen ist serviert.

Eigentlich bin ich über Weihnachten nach Kairo gekommen, um meine Schwester, die hier als Botschaftergattin lebt, zu besuchen. Rührenderweise organisierte mein Schwager einige Jagden, so daß ich meine alte, bewährte Springerflinte mitnehmen konnte. Gestern schoß ich mit ihr noch Hasen und Fasanen bei sieben Grad unter Null. Heute in Kairo komme ich erst dazu, sie gründlich zu reinigen.

Am nächsten Tag erwache ich spät. Wolkenloser Himmel, frisch gemähter Rasen im Garten, reife Orangen auf den Bäumen. Rauchschwalben fliegen umher, auf der Wiese hocken Wiedehopfe und Bachstelzen, hoch am Himmel kreisen Milane. Nubische Diener in weißen Gewändern servieren das Frühstück. Büffelmilch und Schafkäse sind Spezialitäten des Landes. Bis zum Mittagessen habe ich mich bereits im Jagdklub umgesehen und leidlich informiert. Heuer wird wieder auf einigen Seen die Wasserwildjagd verpachtet. Die Jagderöffnung war am 25. November. Die Winterperiode schließt mit dem 24. Februar. Gejagt wird an Freitagen, während der Woche ist die Entenjagd fast durchwegs untersagt. Es kommen aus dem Ausland vor allem Amerikaner, Griechen und Libanesen. Ein Jagdtag kostet 30 englische Pfund. Automatische Flinten sind verboten. Am Ekiad-See und am Abassieh-See sind Metalltonnen im Wasser aufgestellt. Eine solche „Butt" ist 800 Meter bis 5 Kilometer von der anderen entfernt. Ein Schütze darf pro Tag nicht mehr als 500 Patronen in die „Butt" mitnehmen.

Bemerkenswert ist es dabei, daß die offizielle Jagd angeblich erst um ½9 Uhr begonnen und um ½11Uhr wieder abgebrochen wird. Schonmaßnahmen? Nun, wir werden sehen. In meinem Zimmer steht eine Kiste: 800 ägyptische Patronen 12/70 mit Schrot Nr. 5. Wenn man sie in die Hand nimmt, rasseln die Schrote. Wie ich der illustrierten Zeitung „Le Caire Image" entnehme, hat ein libanesischer Schütze am Tag der Eröffnung 190 Enten erlegt. Ein Ägypter hingegen soll am selben Tag nur acht geschossen haben. Allgemein wird erklärt, 1966 wäre ein jagdlich schlechtes Jahr, da infolge der vielen Regenfälle überall „wilde" Gewässer entstehen, wohin die zahlreichen Enten ausweichen.

Zu Mittag ist ein berühmter ägyptischer Jäger, R. H., eingeladen, mit dem ich sofort in eifrige jagdliche Gespräche verwickelt bin. Er spricht eher kritisch über die „offizielle" Jagd. Seine bei Alexandrien, südlich des Mariutsees, am sogenannten „Weißen See" gelegene, über 8.000 Hektar große Privatjagd sei viel besser, und es wären dort eine halbe Million Enten versammelt. Er lädt mich ein, bereits am 21. Dezember, ausnahmsweise an einem Dienstag, mit ihm auf seine Jagd zu kommen, um dort alles anzusehen und auch einige Stunden in der „Butt" zu verbringen. Gesagt, getan. Am besagten Tag um ein Uhr nachts stehe ich gestiefelt und gespornt vor dem Tor der Botschaft. Es regnet leicht, und die zahlreichen Nachtgeräusche sind noch nicht verstummt. In Kairo verursachen Autos einen heillosen Lärm durch ihr ständiges Hupen, besonders bei Nacht. Ungezählte Katzen schreien dazu — wie die kleinen Kinder, langgezogen und in den höchsten Tönen.

Das Auto, ein schneeweißer Mercedes, erscheint pünktlich. Doch unsere Abfahrt verzögert sich, weil der Scheibenwischer entzweigegangen ist. Wir basteln lange umsonst. Auch der sonst friedlich schlafende Wachsoldat will uns helfen. Es nützt nichts. Wir starten im Regen ohne gängigen Wischer. Um Alexandrien zu erreichen, können wir zwei Straßen wählen. Die „Landwirtschaftsstraße" quer durch das Delta oder die Wüstenstraße, von Ghyza ausgehend. Diese benützen wir. Da ich überhaupt nicht geschlafen hatte, versuche ich es jetzt, aber die Fahrt ist zu interessant, auch gibt es viel zu fragen.

Füchse kreuzen unseren Weg, Springmäuse sehen wir und Wüstenkaninchen. Der Regen hört auf. Zwei Stunden fahren wir schon, ohne ein einziges Fahrzeug gesehen zu haben. Etwa 50 km südlich von Alexandrien biegen wir scharf nach rechts ab. Hier ist die Wüste mit kleinen grünen Pflanzen und Disteln spärlich bedeckt. Plötzlich überqueren wir einen Kanal und sind nun im eigentlichen Delta, mitten im Weingebiet Ägyptens. Ein Dorf nach dem anderen durchfahren wir. Im Gegensatz zur Tageszeit, da ein Durchfahren wegen der Bazars und den herumlungernden Menschen sehr schwierig ist, herrscht hier um vier Uhr früh noch wohltuende Stille. Kein Wunder: Es ist Ramadan, der heilige Fastenmonat, und die Menschen, die ja erst ab 17 Uhr essen und trinken dürfen, waren lange auf.

Nun fängt es wieder zu regnen an. Die Hauptstraße müssen wir östlich des „Schlangenhügels" verlassen. Ein Vorwärtskommen ist auf den verschlammten Dämmen nicht möglich. Plötzlich tauchen rechts und links abenteuerlich vermummte Beduinengestalten auf: die Jäger. Mein Gastgeber stoppt das Auto. Es ist 1/45 Uhr „südlicher Zeit". Weit im Osten ein hellblauer Streifen. Der Tag zieht herauf. Nach langem Palaver verstauen wir Gewehre, Patronen, Proviant und Lockenten in vier Kähnen. Ich bin schon nervös, aber hierzulande hat man Zeit. Nun beginnt ein langwieriges Rudern und Staken von einer Stunde. Am Rande des Sees sind einige Beobachtungsstationen errichtet, in diesen einfachen Unterkünften hausen die Jäger.

Mittlerweile hat es zu dämmern begonnen, und wir sind in den „Weißen See" eingebogen. Es regnet nicht mehr. Normalerweise kann man mit dem Auto bis auf vier Kilometer an den Stand heranfahren. Jetzt brauchen wir mit dem Boot eine Stunde. Während wir in der Ferne auf offenem Wasser die Tarngewächse der „Butt" erblicken, stehen um uns und im Umkreis von vielen Kilometern Zehntausende Enten auf. Sie kreisen ein wenig und fallen dann wieder ein. Am Rande sind es im Schilfgras zumeist Krickenten, während auf dem offenen Wasser Pfeif-, Löffel-, Spieß-, Tafelenten und einzelne Reiherenten zu sehen sind. Es herrscht völlige Ruhe, kein Motorenlärm — nur Naturlaute sind zu hören.

Endlich sind wir am Stand. Ein „Teppich" wird in die Tonne gelegt, Rucksack, Patronentasche, Doppelglas und Klappsessel werden hineingestellt, Lockenten ausgelegt, und ich bin allein in der „Botte". Ein Vergleich mit der „Valle" bei Venedig drängt sich auf. Dort war die Tonne aus Beton und rund, hier ist sie aus Metall und viereckig. Auch der Drehstuhl der Venezianer fehlt hier, außerdem ist die Tonne kleiner und steht im offenen Wasser, dessen Tiefe 50 Zentimeter beträgt. Es ist Brackwasser von milchig-erbsgrüner Farbe. Meine drei Beduinen ziehen sich auf ca. zwei Kilometer zurück, um mir aus den Booten zuzusehen. Mein Gastgeber bezieht einen Stand in drei Kilometer Entfernung.

Und schon kommen die Enten. Mit den ungewohnten, nicht guten, lichtblauen ägyptischen Patronen schieße ich anfangs recht kläglich. Erst als ich von einem hoch über mich streichenden Schof Tafelenten den ersten Erpel beziele und die vierte Ente herunterfällt, habe ich begriffen. Langsame Patronen! Vorhalten, wie in der Nachkriegszeit. Die Enten kommen, aber nur vereinzelte wollen einfallen. Kein Wunder, heute ist Dienstag, und nur wir zwei jagen auf dem See. Sie können also getrost einige Kilometer weiterstreichen, dort einfallen. Sie werden nicht aufgejagt wie an den „vollbesetzten" Freitagen, wenn überall geschossen wird. –

Ein großer Flug Flamingos überfliegt mich. Obgleich mir eingeschärft wurde, alles zu beschießen, außer Greifvögeln und Kuhreihern, denke ich gar nicht daran. Der Himmel ist fast wolkenfrei geworden, die See ruhig und grün, und über mir die großen rosa Vögel, deren Artgenossen ich zuletzt in der Camargue gesehen habe. Das ergibt gute Aufnahmen. –

Nach vier Stunden emsiger Schießtätigkeit kommen die Beduinen und sammeln die Enten auf. Über meine „Schießkunst" will ich nicht schreiben, es soll genügen, wenn ich sage, daß ich für eine Ente 2,3 Patronen benötigte, also ein eher schlechtes Ergebnis, welches ich aber mit vorheriger Schlaflosigkeit, der ungewohnten Lage und vor allem den schlechten Patronen erklären kann. Ich habe acht verschiedene Entenarten geschossen, am meisten Krickenten, dann fast gleichviel Pfeifenenten und Löffelenten, weniger Spieß- und Reiherenten, eine Moorente, einige Tafelenten und eine Stockente. Zusammen: 81 Stück.

Trotz meines schlechten Schießens ist dies eine für europäische Begriffe beachtliche Strecke innerhalb kurzer Zeit, und diesmal begann ich erst nach der Morgendämmerung zu schießen, die ja bekanntlich zwei Drittel der Strecke zu ergeben pflegt. Bei gutem Wetter rudern wir gemütlich zum Damm. Statt im Kanal langsam vorwärts zu „wackeln", gehen H. und ich zu Fuß die Dammstraße entlang, und wir sind etwas nach 13 Uhr beim Wagen. Im Weingebiet essen wir gut zu Mittag (im Fernsehen wird gerade ein Fußball-Länderkampf gezeigt), trinken kühles ägyptisches Bier, besichtigen das Dorf des Schlangenhügels und fahren, gemütlich fotografierend und Land und Leute besichtigend, auf der Wüstenstraße in Richtung Kairo. Meine Strecke wird mir geschenkt, in der großen Kühltruhe der Botschaft ist Platz für einen Teil, den anderen Teil verschenken wir. Am nächsten Tag gibt es „canard à l'orange". Und auch die ägyptischen Orangen und riesigen Mandarinen sind köstlich.

Dies war also mein erster Tag im Nildelta, und ich muß sagen, er war genauso schön und aufregend wie er anstrengend und kräfteraubend war. Von acht Uhr abends schlafe ich bis zehn Uhr vormittags.

Schon am folgenden Tag geht es zur „offiziellen" Jagd nach Ekiad. Dieser See liegt 140 km nordöstlich von Kairo in der landschaftlich herrlichsten, parkähnlichen Gegend Ägyptens, mitten im fruchtbaren Delta. Chauffeur Ali weckt mich um sechs Uhr früh. Er spricht ein sehr komisches Französisch, war früher Fahrer eines Paschas und kennt den Weg genau, noch von den Jagden des Königs her. An Fabrikanlagen vorbei geht es ins Delta hinaus. Riesige Palmenwälder, prächtige Felder, schmutzig-ärmliche Dörfer, primitive Wasserpumpen, die Büffel mit zugebundenen Augen betätigen, wimmelnde schmutzige Kinder, schöne Beduinenfrauen, würdige Fellachenmänner auf kleinen Eseln, Kamele und Ziegen, Schafe und hochrädrige Wagen – mit einem Wort, man glaubt, in der Bibel zu leben oder einen Karl-May-Film zu sehen. Beim „Rasthouse" in Ekiad werde ich freundlich von einem General empfangen, der im Jagdkomitee tätig ist. Ich erhalte die Standnummer 7, zwei Träger und einen sehr guten Tee. Bis 3/48 Uhr warten wir und unterhalten uns. Mit zwei griechischen Wurftaubenschützen, die ich hier wiedersehe, stellen wir wieder einmal fest, wie klein doch die Welt (der Jäger) ist. Der General sagt mir, daß in ganz Ägypten derzeit nur etwa tausend ausübende Jäger leben.

Patronen bekommt man überhaupt nur vom Jagdclub in Kairo, ausländische Patronen seit einiger Zeit nicht mehr. Insgesamt sind zwanzig Jäger, darunter fünfzehn ausländische, eingetroffen. Abenteuerlich ihre Adjustierung, patriarchalisch zum Teil ihr Alter. Ein griechischer Professor wird auf einen Esel gesetzt. Er muß am weitesten, d. h. zwanzig Minuten, reiten. Es wird uns mitgeteilt, daß der „Hebschuß" um Punkt 1/29 Uhr erfolgt. Vorher ist Schießen untersagt. Meine Träger winken mir und ab geht's. Mein „Faß" auf einem kleinen künstlichen Damm ist zu Fuß zu erreichen. Ich „beherrsche" einen Tümpel, wo meine Lockenten ausgelegt werden, und habe Zeit, es ist erst acht Uhr. In der sehr geräumigen „Butt" sitzt eine Wasserratte. Man befördert sie ins Wasser. Proviant gibt es „offiziell" keinen, auch keinen Teppich. Aber auch hier sind massenhaft Enten. Vorerst fotografiere ich, dann fange ich an, Patronen auseinanderzuklauben. In meinen rechten Stiefel kommen die stark rasselnden, in meinen linken die weniger rasselnden; ich selbst ziehe Pantoffeln an, wie empfohlen.

Da . . . , schon um 1/49 Uhr beginnt das Schießen. Ich nehme mein Gewehr zur Hand. Die „Butt" ist groß, daß man eine langläufige Flinte leicht laden kann, was bei Alexandrien nicht so ohne weiteres ging. Hier gibt es massenweise Stelzvögel und Schnepfenarten, besonders Rotschenkel und sehr viele hochstreichende Bekassinen. Ihr Abschuß ist gestattet.

Überall fängt es zu knallen an. Meine ersten zwei Schüsse ergeben eine Doublette auf Löffelenten. Bei den unheimlich wendigen Krickenten gelingt mir dies heute nur selten, manches Mal ‚heize' ich sogar auf nahe Distanz beidläufig vorbei. Dafür gelingt mir eine Triplette auf zwei Bekassinen und eine Spießente. Der „Zauber" dauert nur kurze Zeit.

Das Wetter ist herrlich, der Himmel voller Enten, die meist viel zu hoch streichen. Nur in der ersten halben Stunde kreisen sie fleißig. Hier sind die „Butts" so nahe voneinander angelegt (600–800 m), daß der Nachbarschütze stört: Kreisen nämlich endlich die Enten um einen herum, „hängen" sie schon im Anflug mit gespreizten Flügeln, um gut zu kommen, kann sie der Schuß des Nachbarn zum Wiederaufsteigen bewegen.

Ich schieße heute besser und freue mich darüber. Die Schützen, die ich beobachten kann, schießen mäßig. Nur einer, ein Libanese, schießt beachtenswert gut. Sehr schnell ist die Jagd vorbei, um 1/211 Uhr haben meine Araber bereits meine ganze Beute eingesammelt. Auf einzelne Enten geht die Suche weiter. Die Ente ist ein wichtiges Nahrungsmittel in Ägypten, und obwohl von Hunger keine Rede sein kann, betätigen sich „suchend" sieben bis acht Männer um mich herum, die alle nachher Bakschisch oder, was noch begehrter ist, Patronen haben wollen. Beim „Rasthouse" stellt man fest, daß meine Strecke, 49 Stück, die zweitbeste ist. Auf einem Stand wurden nur acht, auf einem anderen sogar nur sechs Enten geschossen. Von meiner sehr bunten Strecke (ich habe zu einem Viertel Bekassinen, zum anderen Viertel große Enten geschossen, die andere Hälfte geht auf Krickenten) darf ich 20 Enten mitnehmen. Ich suche mir „Schwimmenten" aus, die angeblich besser schmecken. Der Koch in der Botschaft ist ein wahrer Künstler seines Faches; ein Teil der Enten wird auch zu Pastete verarbeitet. Zum späten Mittagessen sind wir in Kairo.

Weihnachten geht im gemütlich Kreis vorüber, und schon am zweiten Feiertag bin ich auf Turteltauben geladen. Die Fahrt auf der Straße nach Luxor führt etwa eine Stunde lang in südlicher Richtung, und ihr Ziel ist Beni-Suef, ein Beduinendorf. Es handelt sich nicht um unsere, Ägypten im Mai durchfliegende Turteltaube. Es ist eine orientalische Abart, Streptophelia orientalis, am Rücken und an den Flügeldeckfedern ist keine Zeichnung, sie ist auch etwas dunkler. Sie verläßt den Orient selten und kann im eigentlichen Sinne nicht als Zugvogel betrachtet werde. Die bei uns in Mitteleuropa heimisch gewordene Türkentaube scheint mir hingegen selten zu sein. Im Dezember hält sich auch eine große Anzahl Felsentauben in Ägypten auf. Auf sie hatte ich keine Gelegenheit zu jagen.

Mein junger Freund Magdi führt uns in Beni-Suef zum Dorfältesten, einem sehr gastfreundlichen Araber, in dessen Gelände die Taubenjagd stattfinden wird. Gegenüber den Feldern, in deren Mitte ein großer Palmenwald ist, befindet sich der Orangengarten des Arabers, der von einer dichten und hohen Hecke umgeben ist. Zu dieser Hecke streichen die Tauben am Abend, um dort zu übernachten. Es ist 15.30 Uhr. Ein Küchensessel wird gebracht, ein junger Araber und drei Buben postieren sich hinter mich.

Und schon kommen die Tauben. Es ist unfaßbar: Nicht in Scharen, nein, eine nach der anderen, aber so ständig und stetig, daß ich kaum mit dem Schießen nachkomme. Die Tauben kommen ungeheuer schnell. Man muß darauf achten, nicht niedrig zu schießen, das halbe Dorf schaut nämlich zu, weit entfernt herunterfallende Tauben werden „nicht gefunden", desgleichen jene, die hinter mir in den Garten fallen. Nach einer Stunde und 50 Minuten ist mein Patronenvorrat verbraucht. Vor mir liegen in einer langen Reihe 125 Tauben. Trotz 5er Schrot war mein Patronenverhältnis 1.5, weil ich in aller Ruhe und ohne zu hudeln geschossen habe.

Die Tauben werden in Kairo von den Hotels gern genommen; ebenso gelegentlich erlegte Krammetsvögel (Wacholderdrosseln). Die Turteltaube gehört gleich wie die in großen Schlägen gehaltene Haustaube zu den begehrtesten Delikatessen Wenn man aber bedenkt, daß heute in Ägypten fast niemand mehr auf Tauben jagen kann, weil relativ sehr wenig ausübende Jäger existieren und Patronen schwer zu kriegen sind, braucht man sich wirklich nicht zu sorgen, daß diese Taubenart etwa ausgerottet werden könnte. Die ägyptischen Jäger jagen vor allem das Wüstenkaninchen, die Gazelle der Wüste, den Fuchs, das Wasserwild und Sandgrouse, zum Wildtaubenjagen reicht es weit seltener.

Am 30. Dezember bin ich dann nochmals bei Alexandrien zur Entenjagd eingeladen. Wir fahren am Vortag von Kairo ab, besichtigen in der Wüste eine Oase, das Koptenkloster südwestlich von Alexandrien, schießen einige Krammetsvögel (es sind große Flüge vorhanden), fotografieren Enten auf einem Wüstenteich und essen am späten Nachmittag ein kombiniertes Mittag- und Abendessen in Abukir, östlich von Alexandrien. Es gibt Krabben und herrliche Fische, dazu goldenen Weißwein und pikanten Schafkäse.

Diesmal können wir den Weißen See mit dem Auto umfahren und langen bei Abenddämmerung in einem Beduinendorf etwa vier Kilometer von der Stelle entfernt an, von der mein Stand in 20 Minuten mit dem Boot zu erreichen sein wird. Ein alter Beduine führt uns in seine Behausung. Sie ist für die Jäger geräumt worden. Die Beduinenfamilie hat sich in ein Zelt zurückgezogen. Vor dem Eingang sitzt ein malerischer Alter im Türkensitz. Die Frauen hört man nur, man bekommt sie nicht zu Gesicht. Das Zimmer ist einfach, aber sauber. Einige Feldbetten, zwei Gaslampen, ein Tisch und drei Stühle sind das Inventar. Wir holen etwas Rotwein und Proviant hervor und plauschen gemütlich, bis noch drei weitere Jäger eintreffen: ein Italiener und zwei Ägypter. Um ½9 Uhr sinken wir in die Federn. Lautstarkes Schnarchen folgt.

In Ägypten ist man für europäische Begriffe zeitlos. Wir werden schon um ½4 Uhr geweckt, obgleich wir nur kurze Zeit für den Weg zu den Ständen brauchen. Mit Frühstück, Teekochen und Vorgespräch vergehen fünf Viertelstunden. Dann geht es ab. In einer guten halben Stunde bin ich auf meinem Stand. Ich sehe schon von der „Butt" aus einige Autos von Alexandrien her über die Dämme fahren. Spätaufsteher, die aber noch zurechtkommen, denn es dämmert noch kaum. Als mich die Araber verlassen, die diesmal die Lockenten näher als zuletzt auslegen, beginnt gegen Osten das Schußlicht. Dort ist der Himmel blutrot, und ich sehe viele Schofe über den Weißen See streichen. Tausende, Zehntausende von Enten, die durch die Boote der Jäger aufgescheucht umherstreifen. Ich muß mich förmlich zwingen, mit dem Schießen zu beginnen, so ungeheuer einmalig und faszinierend ist der Anblick.

Überall auf dem See knallt es nun aus den Butts. Auf den 8.000 Hektar sind nur 12 Jäger verteilt, einer ist vom anderen wohl vier Kilometer entfernt. Ich bin gut ausgeschlafen und schieße bedächtig. Immer wieder kommen Enten, umkreisen mich mit herunterhängenden steifen Schwingen, wollen einfallen. Ich habe eine dritte Patrone in der linken Hand und presse sie beim Zielen an den Lauf. So gelingt mir manche Triplette auf Pfeifenten, Löffelenten oder Spießenten. Niemals auf Krickenten, obgleich sie die weitaus größten Schofe bilden. Da an diesem Tag kein Wind herrscht, ist das in einer Pause um ½9 Uhr blitzschnell von meinen Arabern begonnene Aufnehmen der Beute leicht. Ich beobachte, wie den geflügelten Enten die Kehle durchgeschnitten wird. Dies soll darum geschehen, weil ihre Seele dann die Möglichkeit hat, den Körper zu wechseln (sagt mir lächelnd mein koptischer Gastgeber).

Ich verschlinge mein Brötchen und ein halbes Huhn, darauf trinke ich pechschwarzen Tee, aber auch während des Aufsammelns kommen Enten in Schußnähe. Viele lasse ich passiern.

Ich beobachte Flamingos, schneeweiße Taucher, sehr viele Bläßhühner, Milane und Falken, die gelegentlich auf angeschossene Enten stoßen — letztere zweimal mit Erfolg. Noch kauend schieße ich weiter. Schreibe jedes Stück auf, welches geschossen herunterfällt. Die leeren Hülsen versenke ich, soweit sie in den See fallen, denn es sind ihrer so viele, daß sie stören könnten. Um 12 Uhr sammeln wir endgültig ein. Auch die Patronen sind zur Neige gegangen, die letzten verteile ich an die sympathischen Jäger. Sie haben klapprige, aber meist hahnlose Flinten, darunter auch eine ungarische Frommer und eine Forgeron. Bei dem Streckenlegen bin ich Pedant. Auf schrägem Boden werden die Enten zum Fotografieren ausgelegt. Ein einzige Stockente ist darunter. Diesmal waren es mehr Tafelenten und nur 30 Prozent Krickenten. 156 Enten liegen vor mir, verloren haben wir ca. 5.

Freund H. kommt ebenfalls, aber über einen anderen Weg, zum Auto. Ich bitte ihn diesmal, die Enten nicht zu spendieren, sondern zu verkaufen, da die Kühltruhe der Botschaft voll ist. Was macht der gastfreundliche Orientale? Am nächsten Tag übergibt er mir ein Päckchen Geldscheine — den Erlös meiner Entenstrecke . . .

Während der letzten Woche geht es nur einmal noch auf Tauben. Ich besichtige Sakkara, die Zitadelle, zwei Museen, die Oase von Fayoum und einen neu entstandenen Wüstensee, den mein Freund entdeckt hat. Er gehört niemandem. Wir haben keine Flinten mit. Es ist herrlich, die Enten völlig unbewaffnet zu fotografieren, die Ruhe der Landschaft zu genießen. Auch diese Tage sind zu Ende gegangen. Am 8. Januar um 9 Uhr fliege ich mit der „Alitalia" nach Athen, von dort mit der AUA nach Schwechat, und am Abend bin ich wohlbehalten in Graz.

Wenn ich an die Entendorados in Ungarn, der „Valle", dem Neusiedlersee, dem Rhônedelta denke, die ich alle gesehen habe, wenn ich das Donaudelta und andere von der Literatur bekannten Wasserwildparadiese in Betracht ziehe, glaube ich annehmen zu dürfen, daß kaum ein Ort existiert, wo solche konzentrierten Entenmassen vorhanden sind. Freuen wir uns darüber. Das gastliche Ägypten mit seinen wenigen Jägern, den wenigen Jagdtagen, der ausgezeichneten Hege (und guten Fütterung der Enten) wird allfällige Zugenten, die dort überwintern, bestimmt nicht ausrotten. Für mich aber, der das erste Mal in meinem Leben dort jagen und beobachten durfte, bleibt das Erlebnis unvergeßlich bis an das Ende meiner Tage. Das Erlebnis, der Anblick und auch die Strecke.

Anhang

Bemerkungen zum Flintenschießen

Oft werde ich über die Geheimnisse des Flintenschießens befragt und bin dann meistens um eine richtige Antwort verlegen. Man fragt mich, weil man mich für einen leidlichen Schrotschützen hält, doch ich bin nicht in der Lage, ein für jedermann gültiges Rezept zu „verschreiben". Einesteils halte ich mich für einen schlechten Lehrmeister, andererseits bin ich kein Theoretiker. Auf Wunsch möchte ich aber hier einige Gedanken betreffend des Schrotschießens niederschreiben, auf die Gefahr hin, daß manche Leute nicht zufrieden sein könnten.

Groß ist die Zahl der guten Jagdschützen in Europa, unglaublich groß. Wirkliche Meister aber, von Volksmund und Fachwelt gleichermaßen erfaßt, gibt es nur wenige. Einige sind schon lebende Denkmäler, manche bereits in den ewigen Jagdgründen. Auch der Nachwuchs bringt den einen oder anderen dazu veranlagten Schützen hervor. Ich möchte einiges über diese Meisterschützen schreiben, auch wenn es heutzutage im Zeitalter der Gleichmacherei und des Neides nicht aktuell erscheint. Es gibt da viele kleine Unterschiede, Nuancen in der Art und Illusionen. Beschäftigen wir uns ein wenig mit dieser Materie:

Man kann nicht allgemein behaupten, ein meisterlicher Jagdschütze müsse unbedingt ein sportlicher Typ, ein „geschickter" Mensch sein. Das Schrotschießen ist in größerem Maße eine Frage des Talentes, des Instinktes und des Gefühles, als der Muskeln, sodaß es z. B. Meisterschützen gibt, die kaum fähig sind, ein Auto zu fahren, die fett und faul sind und sogar ungern spazieren gehen. Wenn sie aber mit der Flinte in der Hand auf ihrem Stand stehen, sind sie wie umgewandelt: sie treffen! Die wahre Meisterschaft im Schrotschießen schließt ein temporäres Variieren in der Schießkunst fast völlig aus. Das bedeutet anders ausgedrückt, daß der wahre Meister (und solche sind rar) eigentlich niemals schlecht schießen darf. Er kann das eine oder andere Mal ein bißchen weniger hervorragend in Form sein, aber patzen, wirklich schlecht schießen tut er nie. Es gibt nämlich ausgezeichnete Jagdschützen, die manchesmal völlig auslassen. Das sind eben keine Meister. Es sind gute Schützen, die, wenn sie in Form sind, auch die Kunst eines wahren Meisters übertreffen. Aber diese Form haben sie nur zeitweise. Der Zustand der Nerven, des seelischen Gleichgewichtes, des Gefühlslebens etc. spielt — so unglaublich es klingen mag — beim Schrotschießen eine bedeutende Rolle. Und leider auch die Eitelkeit, meist nicht im positiven Sinne. Der Meister muß Selbstbeherrschung üben und sich selber gut kennen. Seine Routine muß Tagesverfassung, seelische Kondition, körperliche Fitness auf einen Nenner bringen können und er muß treffen. Er wird — je mehr er schießt — umso besser. Die „Klasse" steigert sich mit der Anzahl des Wildes. Die Meister sind aber oft nur auf einem Spezialgebiet ganz große Könner. Des einen Spezialität ist der Fasan, des anderen wieder das Rebhuhn oder die Ente. Auf „ihren" Gebieten sind sie schlechthin unschlagbar, und ihr Können hebt sie unter den Jagdschützen weit sichtbar hervor. Niemals sind sie mit den „Meistern im Sportschießen" vergleichbar, denn auf der Jagd sind sie ihnen fast ausnahmslos überlegen. Manche Wurftaubenmeister bilden sich oft etwas ein, wird ihr Name ja in Presse und Radio genannt. Über ihre jagdliche Schießkunst sagt dies aber nichts aus.

Ganz selten ist ein Wurftaubenmeister im Jagdschießen fehlerfrei. Solche „Doppelmeister" kann man auf einer Hand abzählen. Meistens paßt das eine mit dem anderen nicht zusammen. Wirklich gutes Jagdschießen ist wesentlich und unvergleichlich schwerer, als jede Art von Wurftaubenschießen. Wer das nicht glaubt, hat sich mit einem der beiden nur am Rande befaßt. Es gibt auch meisterliche Jagdschützen, die sich einbilden, Wurftaubenschießen sei für sie nicht erlernbar, die haben es aber nie ernstlich versucht.

Dafür sind viele Sportchampions auf der Jagd ihren Kummer gewöhnt. Wer das nicht glaubt, hat noch nie einen „Nur-Wurftaubenmeister" beim Enteneinfall katastrophal fehlen oder bei getriebenen Dezemberhühnern eine schlechte Figur machen gesehen. Wer das nicht glaubt, hat noch nie ein „Wurftauben-Wunder" auf Hasen patzen gesehen, nur weil es zu weit oder mit zu feinen Schroten geschossen hat. Die Vielfalt in der Jagd ist es, die Mannigfaltigkeit in der Art, dem Benehmen, dem Flug und der Reaktion des Wildes, die das jagdliche Schrotschießen schwer macht.

Früher einmal, als es noch Lebend-Taubenschießen gab, war der Abstand zwischen guten Jagdschützen und guten Sportschützen wesentlich geringer. In jener Zeit gehörte eine Portion Können dazu, sich einen bleibenden Namen als Flugschütze zu erwerben.

Sagt man nun einem der „lebenden Denkmäler", einem der allgemein bekannten Meister der Flinte, dieser oder jener Schütze wäre ein Talent oder schösse bemerkenswert gut, bekommt man regelmäßig zur Antwort: „Wie willst Du das beweisen und beurteilen können, das Kriterium fängt erst bei 50 Stück auf einem Stand an. Da soll er zeigen, was er kann. Schießt er dann sauber und gut, ist er ein guter Schütze, fällt er merklich zurück, ist er es nicht." Nun, die alten Könner haben da nur bedingt recht. Erstens: gibt es heute nur wenige Jagden, wo man 50 Stück (sagen wir Fasanen oder Enten) auf einem Stand schießen kann. Zweitens mute ich mir ohne weiteres zu, einen Schützen auch bei kleineren Jagden, aber dafür öfters, richtig beurteilen zu können. Drittens ist das im „vollen" Treffen keine besondere Kunst, hat man die nötige Übung, Ruhe, Übersicht und Routine (ein gutes Schießen natürlich vorausgesetzt). Es ist vor allem die Routine wichtig und das flinke Wechseln der Schwesterflinten, das Funktionieren des Laders etc. Dies hat aber wieder mit Schießen nichts zu tun. Wo, so frage ich aber, hat der gewöhnliche sterbliche, heutige Schrotschütze schon die Gelegenheit, mit zwei Flinten und mit Lader zu jagen? Wie gesagt, ist es Tatsache, daß ein meisterlicher Flugwildschütze bei mehr Anflug immer besser wird, auch wenn er gerade nicht allzuviel Übung auf viel Wild hat. Und auch hier muß man unterscheiden können. Regelmäßig anfliegende hohe Fasanen sind nicht dasselbe, wie die „Bouquetten" von Aufstehgockeln. Der erstklassige Schütze wird beide treffen, beide maustot schießen, die „Aufstehfasanen" vielleicht langsamer schießen, als die Hohen, schon um keine zu „Brei zu schießen". Er wird aber, wenn ihn Ende Dezember über freies Feld gleichzeitig 10 bis 15 Fasanhähne turmhoch anfliegen, nur darum sauber schießen, weil er nicht hudelt. Und ins Hudeln kommt ein Schütze, wenn er bei starkem Anflug einen schlechten Lader oder nur eine Flinte hat und sich zuviel vornimmt. Ist er allein mit nur einer Flinte (z. B. beim Ende eines Winterkreises), kann es passieren, daß er zu schnell nachladend den Schuß dem Fasan nachwirft, diesen fehlt, nervös wird, weiter hudelt, im schlechten Winkel, oder zu weit schießt und am Ende heißt es: „XY hat aber heute viel durchgelassen". Was soll man in einem solchen Falle machen? Nicht zu weit schießen, nicht happig schießen, aber dafür schön vorschwingen, schauen, was der hohe Fasan „im Schild führt", kleine Abweichungen im Flug genau registrieren, entsprechende Schrote verwenden etc. Wichtig ist: Was man beschießt, soll womöglich fallen. Alles fällt ohnehin, auch beim besten Schützen, nicht. Zaubern kann keiner. Flink schießen ist bei der Schrotjagd gut, zu flink schießen kann aber auch schlecht sein. Der hohe, „ausgestrichene" Fasan, Ende Dezember über freies Feld fliegend, den Schützen genau sehend und daher seine Chance nur im Steigen erblickend, kann wohl der schwerste Schuß überhaupt sein. Kann — muß er aber nicht. Denn auch dieser Schuß ist für den guten Schützen zu erlernen und zu üben, doch können ihn die wenigsten, weil wirklich hohe Feldfasanen einfach zu selten vorkommen. Warum ist dieser Schuß so schwer? Weil man sein gewohntes Vorhaltemaß nicht verwenden, weil man nicht im gewohnten Winkel schießen, (denn dann ist er noch unter Umständen zu weit), weil man die tatsächliche Höhe und Weite nur schwer abschätzen kann und irgendwo hat jede Flinte, jede Patrone ihre Grenzen. Weil der getriebene Feldfasan, der noch dazu hoch ist (und das im Winter) ungeheuer schnell ist (fast doppelt so schnell wie eine getriebene Stockente!), weil man bei sehr hohen Schüssen am besten nicht zu feine Schrote verwenden soll, nicht jede Flinte aber grobe (etwa 3,5 mm) gut schießt. Weil kleine Wendungen, Drehungen im Flug genau beachtet werden müssen und einfaches Vorschwingen allein nicht genügt. Auf hohe Fasanen hat man, wenn man einen guten „Stand" hat, d. h. wenn die Füße richtig stehen, immer eine gewisse Zeit, sich „die Situation anzusehen", was der Fasan wohl macht, wohin er streicht, ob er steigt oder schon fällt. Das muß man genau beobachten, auch wenn man noch so ein flinker Schütze ist, sehr präzise vorschwingen und der maustot geschossene Fasan entschädigt einen für das schußlose Durchlassen des einen oder anderen „Vielleicht-Fasanes".

Ich kenne an sich gute Schützen, die bei hohen Feldfasanen völlig versagen, die schon auf einen halben Kilometer zu zielen beginnen, um dann rettungslos hinten zu bleiben. Ich kenne aber auch als langsam verschriene Schützen, die immer das linke Auge zudrücken und fast wie mit der Kugel zielen, bei großem Anflug etwas weniger schießen als andere, bei denen aber der höchste Kopffasan über freies Feld fast immer herunterfällt.

Natürlich sind die Methoden, ist die Technik verschieden, und man soll sich hüten, Theorien und Schießmethoden auszuarbeiten, die dann für alle anderen gültig sein sollen. Der eine steht oder sitzt und starrt vor sich hin, alles schreit „Tiro" oder „Hahn" — er rührt sich nicht. Dann, man glaubt er kommt zu spät, — steht er langsam und lässig auf, wird plötzlich weich und beweglich, zielt genau und der Hahn fällt. Der andere steht, schaut dem Hahn gespannt entgegen, neigt sich etwas vor, trippelt mit den Füßen, macht den Eindruck eines nervösen Menschen, zielt nur ganz kurz und „schmeißt" quasi den Schuß an die richtige Stelle, und der Hahn fällt. Der dritte wieder stellt sich schon, wenn der Hahn von weitem auf ihn Richtung nimmt, dergestalt auf, daß er ihn auf seiner Lieblingsseite anfliegen muß. Dies ist ein Schütze, der nicht sehr gerne genau über sich schießt, er schießt lieber von links nach rechts, oder von rechts nach links fliegende Vögel. Es gibt mit einem Wort sehr viele Methoden, den hoch fliegenden Hahn über freiem Feld zu treffen. Eines haben alle diese Schützen gemein: Sie sind beweglich und nicht steif in dem Augenblick, auf den es ankommt. Auf ganz hohe Fasanen kann man nicht, wie gewohnt, entgegenschießen, wie etwa auf die Baumwipfelhoch anfliegenden Hähne, die dann knapp vor einem fallen. Man muß sie vielmehr dann beschießen, wenn sie am nächsten, also genau über einem sind. Dafür muß man aber schon früher zum Vorschwingen beginnen. Der getroffene Fasan fällt dann 40 Schritte hinter uns, oder segelt noch ein Stück weiter, auch wenn er tödlich getroffen ist.

Ich habe bewußt als Beispiel den schwersten mir bekannten Vogel, den über freies Feld turmhoch streichenden Winterfasan genannt. Ihn treffen nur wirklich gute Schützen mehr oder minder regelmäßig und tödlich. Ansonsten aber soll man sich hüten, das Fasanschießen als besonders schwer zu bezeichnen. Ich kenne angeblich gute Schützen, die auf Fasanen mittlerer und niedriger Höhe, auch wenn sie schnell sind, gut eingeschossen sind, aber das Winterhendl im Stich, die Wildtaube im Zug, die streichende Ente ausgesprochen schlecht schießen. Ein wirklich verläßlicher Schütze muß auf jegliches Flugwild gut schießen. Wenn man die Gelegenheit hat, im Jahr 500–1000 Fasanen zu schießen, muß man, ausgenommen Antitalente – halbwegs treffen. Der talentierte Schütze trifft die Grouse und Rothühner auch dann, wenn er auf diese noch niemals gejagt hat, nach kürzester Anlaufzeit ebenfalls. Und damit komme ich zu einem der Hauptkriterien des Schrotschießens: zum Talent. „Ein jeder bald die Technik kennt, doch Meister wird nur das Talent" – so stand es in der „Jagdfibel". Und es stimmt auch. Viele werden sich darüber ihr Leben lang ärgern, es als ungerecht empfinden, die Ursachen auf alles Mögliche schieben. Wenn sie kein Talent haben, werden sie nie Meisterschützen.

Solche Leute, besonders diejenigen, die es sich leisten könnten, und die genügend Gelegenheit haben, werden nun mit dem Wurftaubenschießen beginnen, um auf der Jagd gute Schützen zu werden. Es wird ihnen mit viel Fleiß sicher gelingen, ihre Schießkunst zu verbessern. Sie werden aber weder durch Wurftaubenschießen noch durch Schießschulen zu wirklichen Könnern werden — wenn sie kein Talent haben. Die Schrotschießkunst auf der Jagd läßt sich nicht allein durch Lernen und Übung aneignen. Der talentierte Schütze natürlich wird durch Übung noch viel besser. Er wird schon als junger Mann auffallen, er wird auch gut Wurftaubenschießen, weil er schon ein guter Jagdschütze ist. Der wenig oder vermeintlich untalentierte Schütze kann sich natürlich ebenfalls durch Übung auf Wurftaubenständen oder in Schießschulen verbessern, oft wird er seine Komplexe dort verlieren und manchmal wird er daraufkommen, daß es mit dem Talent doch nicht so schlecht steht.

Bei den lateinischen Völkern, speziell bei den Italienern, ist das angeborene Flug-Schießtalent sehr häufig. Sie sind von Haus aus geschickt, schnell reagierend und spritzig. Das „Tiro al Volo" ist ihnen von Kindesbeinen an bestens bekannt, es ist fast ein Volkssport. Es gibt auch in keinem Land der Welt so viele gute Schrotschützen wie in Italien, in der Wasserwildjagd sind sie meist Spezialisten. Doch auch hier kann man beobachten, daß die wahren Meister auf der Jagd oft nicht identisch mit den Sportkoriphäen sind, wovon Italien wirklich eine stolze Anzahl besitzt. Es bedarf zur Meisterschaft auf der Jagd speziellen, Jagdschieß-Talentes, nicht bloß des allgemeinen Bewegungs-Schießtalentes.

Oft wird mir die uralte Streitfrage gestellt, ob das Skeet-, oder das Trapschießen als bessere Übung für das jagdliche Flintenschießen anzusehen ist. Ich antworte darauf: eigentlich keines von beiden, eher noch das Trapschießen. Der Skeet-Schütze schießt bei nur zwei fix eingestellten Maschinen auf kurze Entfernung. Er bedarf einer speziellen Streuflinte, die für die Jagd mehr oder minder ungeeignet ist. Der Trapschütze schießt auf nach vorne und seitlich wegstreichende Tauben, mit Gewehren, die den Jagdflinten ähnlich, die auf jeder Jagd verwendbar sind. Es gibt beim sportlichen Trapschießen nicht die Gefahr, daß die Taube dann beschossen wird, wenn sie fast „stehen bleibt", ihren Kulminationspunkt erreicht, denn die erlaubte Höhe ist gering, die Entfernung noch solcherart, daß ein Langsamwerden nicht in die Waage fällt. Auch ist das Überraschungsmoment größer, der Schütze weiß selten, welche Taube ihm geworfen wird, alles in allem eine größere Strapaz. Das Trapschießen erinnert noch ein wenig an das aufstehende Rebhuhn, die Wachtel- und Becassinenjagd.

Moderne Schießschulen werfen zur jagdlichen Übung hohe Tauben, die noch am ehesten an die Jagd erinnern. Zusammenfassend ist aber das jagdliche Flintenschießen etwas anderes und vor allem vielseitigeres als das Wurftaubenschießen.

Wenn ein Jungschütze direkt vom Wurftaubenstand auf die Jagd kommt, wo er noch keinerlei Übung hat, wird er meistens versagen. Nur in der Schnelligkeit wird es klappen (er wird vielleicht sogar zu schnell sein), und das ist auch, zusammen mit dem schnellen Ziel-Fassen, der „Schußfestigkeit", das wirklich positive, was dem Neuling das Wurftaubenschießen gibt. Selbstverständlich wird man zu all diesen Erwägungen hinzufügen: „Aber zur Meisterschaft gehört auch Übung". Und das ist selbstverständlich. Kein Sportler (und auch der Jagdflugwildschütze ist in seinem körperlichen Tun irgendwo ein Sportler), kann ganz ohne Training auskommen. Doch genügt einem Jagdschützen schon die Übung während eines normalen Jagdjahres. Gute Schützen werden – zumindest bis zur allerletzten Zeit –, häufiger eingeladen, als schlechte.

Ich gebe zu, daß es sicherlich eine Anzahl talentierter Schützen gäbe, die einfach nicht dazukommen, ihr Können, ihr Talent unter Beweis zu stellen. Das ist die Ungerechtigkeit im Leben. Vielen fehlt es an Geld, an Gelegenheit, an Bekanntschaft oder an allen dreien. Es gibt sicher unter den Jungen mehr echte Schießtalente, als man sich vorstellen kann und die das Zeug in sich hätten, es den alten, bekannten „Meistern" kraft ihrer Jugend gehörig „zu zeigen".

Ganz unter uns: Schützen mit dem Ruf eines hervorragenden Könners haben es fast schwerer, diesen Ruf zu verlieren, als ihn seinerzeit zu erlangen. Aber für jeden Schützen kommt die (altersbedingte) Zeit, wo es mit dem „Brillieren" aus ist. Eine ganz natürliche Sache, denn die beiden wichtigsten Behelfe der Schießtechnik, die Reaktion und das Auge lassen mit dem Alter nach. Es gibt hervorragende Flugschützen noch mit 70 Jahren, aber es gibt auch solche, die schon mit 45 Jahren anfangen, schlechter zu schießen. Manche hören rechtzeitig auf, andere schwindeln sich als schlechter gewordene, ehemalige Könner weiter durch. Ein Rezept ist immer gut: Man soll nicht ruhmsüchtig sein. Man soll Freude an der Jagd haben und nach seinen Möglichkeiten verfahren. Man soll gar nicht daran denken, daß man besonders gut schießt. Die Eitelkeit bringt einem mehr Unangenehmes als Schönes. Und viel zu viele Jäger halten sich für Meister-Schützen, als es der Wahrheit entspricht. Man soll das Urteilen anderen überlassen und sich nicht um Ruhm und ähnlich Vergängliches kümmern. Man wird mehr Freude an Jagd und Schießen haben, man wird zufriedener und entspannter sein. Dies gilt für erfahrene, gute Schützen, nicht für Anfänger. Und noch etwas:

Große Strecken, die an einem Tag erzielt werden, sind selten geworden und werden bald der Geschichte angehören. Man kann in der Retrospektive über sie urteilen, wie man will. Eines ist sicher: Es war und ist besser, große Jagden einmal im Jahr abzuhalten, als das Revier ständig mit kleinen Jagden zu beunruhigen. Zu großen Strecken gehört ein großer Treiberapparat und gehören gute Schützen. Es ist für jeden einzelnen Schützen eine Arbeit und eine Leistung, wenn 10 Gewehre an einem Tag 1000 Stück Wild oder mehr erlegen. Es ist aber nicht jedermanns Sache. Manche Leute sind nicht fähig, ohne Kopfschmerzen an einem Tag mehr als 50 Schüsse abzugeben. Sie sind für solche Jagden nicht geeignet. Es ist unrichtig, wenn von manchen „unbefriedigten" Jägern behauptet wird, Jagden mit großen Strecken sind Massenschlächtereien und unwaidmännisches Gemetzel. Man möge einmal eine Jagd genau beobachten, wo

10 erstklassige, beherrschte und routinierte Schützen etwa 1000 Stück Niederwild an einem einzigen Tag erlegen und solche, wo auf engstem Raum aufgestellt 60 Schützen 200 Stück schießen. Man wird zur Auffassung kommen, daß von einer Massenschlächterei eher im zweiten Fall die Rede sein kann. Zu Fetzen geschossene Fasane dienen nicht der Volkswirtschaft, und es ist unvermeidbar, daß bei engster Postierung Schützen gleichzeitig auf ein Stück Wild schießen, auch wird bei eng aufgestellten, vielen Schützen wesentlich schlechter, weil „gieriger" und unbeherrschter geschossen, es wird vieles angeflickt und es kommt weniger gesundes Wild durch. So liegen die Tatsachen. Ich habe oft genug Gelegenheit gehabt, beide Arten von Jagden zu beobachten. Doch wie gesagt, gehört die erstere Jagdart schon fast der Geschichte an, und nur wenige Glückliche, meist Eigenjagdbesitzer können sie ausüben. Das Nachdrängen von schießfreudigem Nachwuchs gehört zur natürlichen Entwicklung, man muß sich daher mit diesen Tatsachen abfinden. Trotzdem muß es erlaubt sein, festzustellen was der Jagd und dem Wild dienlicher ist — sozusagen in geschichtlichem Rückblick. Bei Fortentwicklung von „Wohlstand" und „Gleichmacherei" wird es ohnehin bald kein Wild mehr geben. Und wohin die hemmungslose Jagdfreiheit führt, sehen wir in einem südlichen Land nur zu gut. Außer den immer mehr gefährdeten Zugvögeln gibt es da so gut wie kein Wild mehr. Und die östlichen Volksdemokratien? Wie schützen sie den wichtigen Wirtschaftsfaktor, das Wild? Indem sie einfach die Zahl der ausübenden Jäger radikal beschränken. Es wird wohl hier viele frustrierte Jäger geben, aber der Wildstand bleibt erhalten. Kurz gesagt: Nicht die guten Schützen rotten das Wild aus, wie vielfach behauptet wird, sondern die wachsende Zahl der „Jäger", die ausnahmslos zum Zuge kommen wollen, auch wenn sie wenig Ahnung vom Waidwerk und oft auch keine echte Passion haben. Um ein erstklassiger Waidmann zu werden, muß man eine harte Schule mit viel Arbeit, Fleiß und Entsagung mitmachen. Man muß so früh, wie möglich an der Aufbauarbeit, dem Dienst am Wilde teil-

haben, um später ernten zu dürfen. Hat man dazu keine Gelegenheit gehabt, dann soll man wenigstens auf die alten, die „gewachsenen" Jäger hören und sehr, sehr bescheiden sein, aus den Fehlern lernen, zuhören und beobachten.

Ich persönlich bin ein Gegner der Prestigejäger und professionellen Adabeis. Aber es gibt auch hervorragende Jungjäger und Anfänger mit 40 und mehr Jahren, man darf hier auf keinen Fall verallgemeinern. Wenn man es bedenkt, sind die Auswüchse falsch verstandener Demokratie und eines modernen Snobismus für die Jagd schädlicher als strenge Beschränkung. Aber bei uns gibt es nun mal keine Beschränkungen dieser Art und das ist gut so, besser als wir ahnen. Richten wir uns daher nach den Gegebenheiten.

Schon im 19. Jahrhundert glaubte man ähnliche Probleme zu haben, wie es der Spruch aus den achtziger Jahren beweist: „Eine Art moderne Jäger kann mein Magen nicht vertragen, jene edlen Flintenträger, die auf Rat des Arztes jagen." –

Verzeihen Sie mir bitte diesen kleinen Ausflug von dem Flintenschießen zum Grundsätzlichen. Im großen und ganzen können wir deutschsprachige Jäger wenig klagen, bei uns wird der Nachwuchs ohnehin gehörig in die „Mangel genommen", zu stark ist bei uns noch die Jagdtradition, zu groß die Zahl der echten Waidmänner, die für entsprechende Lektionen sorgen. Und nun zurück zum Flintenschießen. Ich möchte mein Schlußwort an jene richten, die im Schießen wenig Erfolg haben, die sich selbst für schlechte Flintenschützen halten, die darüber unglücklich sind und wenig Aussicht auf Besserung sehen. Bitte nehmen Sie sich nicht etwas vor, was sie nicht einhalten können. Schießen Sie nicht auf „schwere Vögel". Kaufen Sie sich nicht zu eng schießende Flinten, schießen Sie nicht zu weit. Bei entsprechender Übung, die Sie mit ihrer Jagdflinte vertraut macht und Ihre „Schußfestigkeit" auf jeden Fall fördert, und bei Erkennen Ihrer Grenzen, für die Sie nicht das Geringste können, werden Sie trotzdem Freude an der Niederwildjagd haben, denn Sie werden kein schlechter Schütze bleiben. Und noch eines: Hören Sie nicht auf jene Pharisäer, die Ihnen den Erfolg in der Jagd nicht gönnen, weil: „nicht wesentlich". Ehrlichkeit ist immer, so auch hier, zu empfehlen. Denn: Jeder freut sich, wenn er im Leben etwas erreicht. Die Freude an Anerkennung, am gerechten Lohn nach einer Anstrengung, der Triumph, nach Entbehrung am Ende doch das Ziel erreicht zu haben, ist etwas Natürliches. So auch in der Jagd. Freuen Sie sich am guten Schuß – es ist nichts Schlechtes dabei. Schon dem Schüler macht man den Ehrgeiz zur Pflicht, alle, aber auch alle Sparten des Lebens fördern ihn – nur beim Jäger will man ihn nicht gelten lassen?

Wir alle jagen zu einem Großteil auch des jagdlichen Erfolges wegen. Wäre dem nicht so, wäre man bloß Züchter, bräuchte man die Waffe meist gar nicht mitzunehmen. Man könnte dann den Abschuß in einigen Tagen an der Fütterung absolvieren, man wäre dann aber kein Waidmann, wie ich ihn verstehe, man wäre (verzeihen Sie mir das schreckliche Wort) dann bloß „Abschuß-Tätiger". –

Auch viele unserer Zeitgenossen, die so schön und salbungsvoll von Einschränkungen und Selbstlosigkeit reden, sind, was ihre persönliche Jagd anbelangt, in Wirklichkeit ganz anders geartet. Ein Blick in die Trophäenstube dieser Leute beweist es. Ist es da nicht besser, ehrlich zu sein? Kein Mensch freut sich – ist er ein normaler Waidmann, wenn er nichts, wenn er schlecht schießt. Jeder möchte ein erfolgreicher Jäger, ein guter Schütze sein. Erfolglosigkeit auf Dauer, selbst empfundene Unfähigkeit und auch schlechtes Gewissen erzeugen Neid, und dieser ist ein schlechter Ratgeber. Er führt zur Verklemmung, zur falschen Beurteilung und zur Unehrlichkeit schlechthin.

Daher soll Toleranz und Verständnis das oberste Gebot der Jäger sein.

Wenn wir nun unsere guten Jagdgesetze einhalten, am Weg zwischen Tradition und Fortschritt weitergehen, in guten und schlechten Zeiten zusammenhalten und Gottes Natur aus ganzem Herzen lieben –, dann brauchen wir nichts zu fürchten, dann wird das Waidwerk niemals untergehen.

BILDQUELLENVERZEICHNIS

Graf Phillip Meran 10 – Hans Reinhard Rieser 2 – Fritz Pölking 1 – Franz Matula 2 – Walter Tilgner 1 – Dr. L. Studinka 2 – Helmut Ctverak 3 – Fritz Siedel 1

INHALT

Jugend im Jagdparadies	9
Kopffasanen	29
Der letzte Ferientag	35
Ungewöhnliche Schüsse	39
Die entführten Purdey's	43
Ein Sommertag	47
Der Brillenbock	53
Der Starke von Székelyhid	59
Streiflichter	67
Ein Ami auf den Ruf	73
Mein stärkster Hirsch	77
Seine zwei Letzten	83
Spätherbst	89
Letzte Jagd in Csákberény	95
Entenstrich bei Kanonendonner	99
Der Russenbock	103
Einer vom Gebirg	107
Seltsame Wilderergeschichte	111
Ein Oktobertag	119
Gamsbrunft und Hüttenzauber	123
Der Tag der Tage	131
Zufallstreffer und Mißerfolg	139
Ein Wintertag in der Krähenhütte	145
Fünf Schnepfen an einem Abend	153
Ein Tag in der Valle	161
Winterjagd in Westfalen	167
Hofjagd in Belgien	173
Auf Enten und Tauben in Ägypten	179
Bemerkungen zum Flintenschießen	193